배선희 제 2시집
2 권

페이지 배선희 작가와
아름다운 동행

도 서   청람서루
출 판

페이지 배선희 작가와

아름다운 동행 2 권

인   쇄 : 2024년 11월 5일
발   행 : 2024년 11월 5일

지 은 이 : 배선희
펴 낸 이 : 김왕식
편 집 장 : 금문찬
편집위원 : 이서연
펴 낸 곳 : 도서출판 청람서루

등록번호 : 제 2024-000136호
주   소 : 경기도 고양시 일산동구 탄중로 429 성지프라자 4층
전   화 : 031-919-2505
이 메 일 : wangsik59@naver.com
I S B N : 979-11-989851-9-4
가   격 : 19,800원

무단 복제와 무단 전제를 금합니다. 잘못된 책은 바꿔드립니다.

"배선희 작가의 글은 세상의 아픔과 기쁨을 함께 담아,
깊은 울림으로 우리 마음에 다가옵니다."

"Writer Bae Seon-hee's writing
captures the pain and joy of the world
and resonates deeply in our hearts."

제2권 목차

목차   페이지 배선희 작가와
         아름다운 동행

머리말

16   장승

29   임 마중

41   매화 족보

53   탈

66   백목련

77   쉰고개

88   전나무숲

99   납월매

목차

페이지 배선희 작가와
아름다운 동행

114	정다운	시인 청련화 배선희
123	엄창섭	건봉사 송덕비
135	정천모	배선희 시인이 그립다.
151	박성운	들꽃
165	허 광	국보 배선희 시인
177	문지연	꽃순이 연가
190	허도원	배선희 고모님께
201	강미경	사랑의 형태
215	박성진	그대는 벌나비 연꽃
226	이옥희	꽃을 심는 손길
240	조경민	길
254	정향수	화초 바보
발 문		작가의 삶의 철학과 작품세계

머리말

향기로운 발자국, 아름다운 동행

삶의 길을 걷다 보면, 어느 한적한 황톳길에서 문득 마주치는 사람이 있다. 그 사람의 존재는 바람처럼 스쳐 가지만, 마음 깊은 곳에 향기로운 흔적을 남긴다. 마주침은 짧지만, 그 순간의 향기에 취해 한참을 돌아서서 바라보게 된다.

언젠가 나도 저 사람이 될 수 있을까 꿈꾸지만, 그만큼의 빛을 내지 못할 때가 있다. 그럴 때면, 마음속 깊이 그런 사람을 찾고 동행하길 소망한다. 그리고 그 꿈은 마침내 이뤄진다.

바로 그분들이 여기에 있다. 아름다운 동행을 빛내는, 우리의 꿈과 삶의 방향을 함께하는 분들. 그리하여 도서출판 청람서루 김왕식 대표님과 "페이지 박선희 작가와 함께하는 아름다운 동행" 제 2시집에 함께하신 모든 분이, 그 향기를 품은 채 우리 앞에 펼쳐진다.

시 한 편 한 편이 한 걸음 한 걸음의 발자국처럼 남아, 삶의 여정을 수놓고 있다. 그 향기로운 발자국을 따라 걸으며, 우리 모두가 이 아름다운 동행에 함께하기를 바란다.

이 시집이 곧 당신의 여정에 작은 빛이 되고, 마음속 깊은 향기를 남길 수 있기를 소망하며.

2024. 11. 5

페이지 배선희 드림

페이지 배선희 작가와 함께하는 아름다운 동행

문학평론가 청람 김왕식

배선희 작가의 작품 하나하나를 깊이 들여다보고, 그 속에서 작가와 나누는 대화는 독자에게 크나큰 축복이다. 작품이 선사하는 감동뿐 아니라, 그 안에 담긴 배 작가의 숭고한 삶의 철학과 가치를 존중하며 작품을 읽는 일은 우리에게 큰 깨달음을 준다. 그의 글은 단순한 이야기의 나열이 아닌, 우리 삶의 진실과 공동선을 향한 따뜻한 시선이 담겨 있기 때문이다.

이러한 작가의 정신과 철학, 선한 영향력이 작품 속에 어떻게 녹아 있는지를 살피는 작업은 그 자체로 의미 있는 노정이다. 그래서 우리는 배선희 작가의 모든 작품을 하나도 빠짐없이 평석하며, 독자에게 깊은 감동과 깨달음을 전하고자 했다.

이를 위해 작가의 작품을 사랑하고 존경하는 많은 이들의 이야기를 모아, 작품마다 그들의 감상과 목소리를 실었다. 그들이 배선희 작가의 작품을 읽으며 어떤 생각과 감정을 느꼈는지, 그리고 그 작품이 그들에게 어떤 영향을 주었는지를 통해 우리는 더욱 풍성하게 작가의 세계를 이해할 수 있다.

더불어, 평소 작가를 존경하며 그의 글에 깊은 감명을 받은 지인들이 헌정시를 썼다. 그 헌정시들은 단순한 찬사가 아닌, 한 인간에 대한 경외와 사랑, 그리고 그가 세상에 전하는 아름다움에 대한 깊은 존경을 담고 있다.

그것은 가히 불후의 명작이라 해도 과언이 아니다. 시와 글을 통해 작가와 마음을 나누고, 그의 선한 영향력에 함께 공감하는 이들의 진심이 그대로 녹아 있기 때문이다. 그들이 작가에게 보내는 마음의 선물은 또 하나의 작품이자, 배선희 작가의 글이 세상에 얼마나 깊은 울림을 주고 있는지를 증명해 준다.

이 모든 과정을 통해 우리는 배선희 작가의 작품을 사랑하는 독자들과 함께 아름다운 석상을 세우고자 한다. 그 석상은 작가의 글에서 비롯된 감동과 지혜가 꽃피우는 장소이며, 그 위에서 우리는 함께 미소 짓고 따스한 온기를 느낄 것이다. 이 책을 세상에 내놓는 일은 그런 마음의 석상을 세우는 작은 시작에 불과하다. 우리는 그 시작을 통해 독자들이 배 작가의 글을 읽으며 더 큰 아름다움과 행복을 경험하길 바란다.

작가와 독자, 그리고 그 작품을 사랑하는 이들이 함께 모여 나눈 이야기와 감정의 조각들이 한 권의 책으로 엮였다. 이 책은 작가와의 대화이자, 작가를 흠모하는 이들의 마음이 모인 축복의 기록이다. 그래서 이 책을 통해 더욱 많은 이들이 배선희 작가의 글을 만나고, 그 속에서 마음의 울림과 위로를 얻기를 희망한다. 아름다운 삶을 위한 따뜻한 동행이 시작되는 이 순간, 우리는 그 여정에 함께하고자 한다.

이 책은 배선희 작가와 함께 세상을 더 아름답고 행복하게 만들고자 하는 모든 이들에게 바치는 작은 선물이다.

— 청람

작품

장승

탈춤을 신명나게 추면서 장승을 깎는
은빛 머리카락 휘날리며 살아있는 장승
장승이 장승을 깎는 명인이다

동구 밖에 우뚝 서서
마을의 잡귀나 질병 지켜주는
촌락 수호신의 형상
인간들 소망도 많아 각양각색이다

눈을 부릅뜨고, 주먹만한 코에
귀밑까지 찢어진 입은. 함께 웃을밖에

석장승은 수명장수할 터인데
그가 깎은 목장승은 생로병사가 완연하여
늙고, 죽음을 보여주는 것은
살아있는 자신의 모습인가

2.
살아있는 장승은 하회별신굿에서
파계승 탈을 쓰면 영락없는 광대다
분내의 오줌 냄새를 맡고
그 욕정 참지 못해 오줌이 묻어있는
모래를 확 뿌리는데, 얼쑤
장승인 까닭에 그 춤사위 탁월하다

그 많은 탈 중에서
파계승破戒僧 탈을 쓴 것은
파계 장승인 탓일까?
그의 장승은 격이 없다

파격적인 손놀림으로 태어나는 장승들
놀라워라. 틀에 박힌
천하대장군, 지하여장군은 아니어도
감정을 발산하는 뚜렷한 표정으로
장승의 탈을 벗고 뛰쳐나온다

그는 나무를 깎고 다듬는 게 아니다
나무를 파헤쳐 그 속에 숨어있는
장승을 밖으로 꺼내는 작위作爲
나무마다 목신이 있음을 보여주는
아, 심장이 살아있는 장승

■
문학평론가 청람 김왕식

배선희 시인은 자신의 삶과 예술적 경험을 통해 한국 전통문화와 민속을 현대적인 시각에서 재해석하는 시인으로 알려져 있다. 그의 시는 민속적 소재를 통해 인간의 삶과 존재의 본질을 탐구하는 특징을 지닌다.

시 "장승"에서도 이러한 특성이 잘 드러나 있다. 시는 전통적인 장승을 현대적 의미로 새롭게 풀어내며, 인간의 욕망, 생로병사, 그리고 예술적 자유를 장승의 이미지로 형상화하고 있다.

이 시는 전통과 현대를 넘나드는 경계를 탐구하며, 장승의 이미지를 통해 인간 내면의 심리를 파고드는 예술적 성찰을 제시하고 있다.

"탈춤을 신명나게 추면서 장승을 깎는 / 은빛 머리카락 휘날리며 살아있는 장승 / 장승이 장승을 깎는 명인이다"

첫 번째 연에서는 장승을 깎는 명인이 등장한다. 이 명인은 탈춤을 추며 은빛 머리카락을 휘날리는데, 이 모습은 매우 역동적이고 생동감 있다. 장승이 단순한 조각품이 아니라, 살아 움직이는 생명체로서의 의미를 지니게 된다.

'장승이 장승을 깎는다'는 표현은 예술가가 자신을 창조하는 행위를 은유적으로 나타낸 것으로, 예술 창작의 과정과 자기 성찰의 깊이를 느끼게 한다. 이때, 장승은 단순히 외부로부터 만들어지는 것이 아니라, 내부로부터 스스로 만들어지는 존재로서 그려진다.

"동구 밖에 우뚝 서서 / 마을의 잡귀나 질병 지켜주는 / 촌락 수호신의 형상 / 인간들 소망도 많아 각양각색이다" 이 부분에서는 장승이 마을의 수호신 역할을 하고 있음을 묘사한다. 장승은 인간의 다양한 소망을 담고 있는 존재로 그려지며, 여기서 장승은 인간의 희로애락과 소망의 투영체로 작용한다. '각양각색이다'라는 표현은 장승이 단일한 형태나 의미를 지닌 것이 아니라, 수많은 인간의 욕망과 소망을 반영하는 복합적이고 다층적인 존재임을 강조한다.

"눈을 부릅뜨고, 주먹만한 코에 / 귀밑까지 찢어진 입은. 함께 웃을밖에" 이 부분에서는 장승의 외형적 특징을 묘사하고 있다. 장승의 생동감 있는 표현을 통해 그가 단순히 돌이나 나무로 만든 조각이 아니라, 감정과 생명을 지닌 존재임을 강조한다. '함께 웃을밖에'라는 문구는 장승의 특이한 표정 속에 담긴 해학과 유머를 드러내며, 이러한 해학은 한국 전통 예술의 중요한 부분으로 자리 잡고 있다.

"석장승은 수명장수할 터인데 / 그가 깎은 목장승은 생로병사가 완연하여 / 늙고, 죽음을 보여주는 것은 / 살아있는 자신의 모습인가" 이 연에서는 장승의 물질적 속성에 따른 생명의 한계를 이야기한다. 석장승은 수명과 장수를 상징하는 반면, 목장승은 생로병사의 과정을 그대로 드러낸다. 이는 장승이 곧 인간의 삶을 비유하는 상징으로 작용하는데, 특히 '살아있는 자신의 모습인가'라는 표현은 작가가 자신을 투영한 결과물로써 승을 바라보는 시각을 암시한다.

"살아있는 장승은 하회별신굿에서 / 파계승 탈을 쓰면 영락없는 광대다" 여기서 장승은 하회별신굿의 '파계승 탈'을 쓴 광대와 같은 존재로 묘사된다. 파계승 탈은 욕망과 인간 본능을 상징하는데, 이러한 이미지를 통해 장승 역시 인간적 욕망을 담고 있는 존재로 확장된다. 장승이 단순한 수호신이 아닌, 인간의 다양한 본성을 포함한 존재로 묘사된다는 점에서 흥미롭다.

"분내의 오줌 냄새를 맡고 / 그 욕정 참지 못해 오줌이 묻어있는 / 모래를 확 뿌리는데, 얼쑤 / 장승인 까닭에 그 춤사위 탁월하다" 이 구절은 장승의 신명나고 자유로운 성격을 묘사하며, 인간의 원초적인 욕망을 표현한다. '얼쑤'라는 감탄사는 한국 전통 민속 예술의 흥을 표현하는 전형적인 표현으로, 장승의 본능적이고 야성적인 매력을 한층 강조한다.

"그 많은 탈 중에서 / 파계승 탈을 쓴 것은 / 파계 장승인 탓일까? / 그의 장승은 격이 없다"

여기서는 장승의 파격성과 자유로움을 나타내고 있다. 장승이 고정된 틀에 얽매이지 않고, 다양한 형태와 표현을 통해 창조되는 과정을 묘사하며, 이는 예술의 자유로운 본질을 나타낸다. '격이 없다'는 표현은 전통적 규범에서 벗어난 예술의 개방성과 혁신성을 상징한다.

"놀라워라. 틀에 박힌 / 천하대장군, 지하여장군은 아니어도 / 감정을 발산하는 뚜렷한 표정으로 / 장승의 탈을 벗고 뛰쳐나온다" 이 구절에서는 전통적 장승의 이미지를 벗어던지고 새로운 표현 양식을 보여주는 장승을 묘사한다. 이는 예술의 해방과 창의성을 나타내며, 장승의 탈을 벗고 나오는 것은 정형화된 틀에서 벗어난 자유로운 예술 창작의 과정으로 해석될 수 있다.

"그는 나무를 깎고 다듬는 게 아니다 / 나무를 파헤쳐 그 속에 숨어있는 / 장승을 밖으로 꺼내는 작위 / 나무마다 목신이 있음을 보여주는 / 아, 심장이 살아있는 장승" 마지막 연에서는 예술가의 역할을 재해석하고 있다. 예술가는 단순히 형태를 만드는 것이 아니라, 이미 존재하는 것을 발견하고 드러내는 자로서 표현된다. '심장이 살아있는 장승'이라는 표현은 장승을 살아 숨 쉬는 존재로 만들어내는 예술가의 심오한 창조적 정신을 상징한다.

배선희 시인의 시 "장승"은 장승이라는 전통적인 소재를 통해 인간의 본질과 예술의 본질을 탐구하는 작품이다. 시는 장승의 형상과 그 속에 담긴 다층적인 의미를 섬세하게 풀어내며, 장승이 단순한 수호신이나 조각품이 아닌, 생명과 욕망을 지닌 존재로 재탄생하게 만든다.
이를 통해 시인은 전통과 현대를 넘나드는 예술적 감각을 보여주며, 장승을 매개로 인간의 내면을 들여다보는 통찰력을 발휘한다. 배선희 시인의 시는 예술이 단순히 외형적 재현을 넘어, 존재의 본질을 탐구하고 인간의 다양한 감정을 담아내는 과정임을 강렬하게 제시한다.
이 작품은 전통을 현대적으로 재해석하는 시인의 예술철학을 명확하게 드러내며, 깊이 있는 감성적 울림을 준다.

■
안녕하세요, 배선희 시인님께,

시인님의 시 '장승'을 읽고 깊은 감동을 받아 이렇게 글을 씁니다. 시를 읽으며, 단순히 문장과 단어의 배열을 넘어선, 그 안에 담긴 깊은 철학과 예술적 열정을 느낄 수 있었습니다. 전통과 현대, 민속과 개인, 그리고 생명과 예술을 넘나드는 시인님의 시적 세계는 그 자체로 하나의 예술 작품이자, 또 하나의 장승과 같았습니다.

시를 읽는 동안 마치 살아 숨 쉬는 장승과 마주한 듯한 느낌을 받았습니다. 장승이 마을을 지키는 수호신에서 벗어나, 춤을 추고, 웃고, 울고, 욕망을 발산하는 생명체로 다가오는 순간마다, 시인님의 장승은 그 어떤 틀에도 갇히지 않은 자유로운 존재로 느껴졌습니다. 이 시가 주는 매력은 장승을 통해 인간의 내면과 본성을 깊이 탐구하고, 그 속에 숨겨진 본질을 끄집어내는 시인님의 독창적 시각에 있습니다. 특히, 시에서 느껴지는 생동감과 역동성은 매우 인상적이었습니다. 은빛 머리카락을 휘날리며 춤추는 장승의 모습이나, 파계승 탈을 쓴 광대 같은 장승의 모습은 단순한 이미지 이상의 감동을 주었습니다. 그것은 마치 그 장승들이 살아 움직이며 우리 앞에 나타나는 것만 같은 강렬한 인상을 남겼습니다. 이러한 이미지들은 시인의 시적 상상력과 표현력이 얼마나 탁월한지 보여주는 대목이라 생각합니다.

장승이 수호신이자, 인간의 희로애락을 담고 있는 존재로 묘사되는 부분에서는 인간의 다층적 감정과 소망이 고스란히 전해졌습니다. 시 속 장승이 고정된 형태의 수호신이 아닌, 다양한 감정과 욕망을 지닌 생명체로 살아 숨 쉬고 있다는 점에서, 시인님의 장승은 그 자체로 하나의 철학적 존재로 다가옵니다.

장승을 깎고 다듬는 것이 아니라 그 속에 숨겨진 생명을 끄집어내는 예술가의 손길이 그려질 때, 시인님이 예술에 대해 가지고 계신 깊은 통찰을 엿볼 수 있었습니다.

또한 시인은 전통적인 소재를 현대적 시각으로 재해석하면서도, 그 전통을 존중하고 그 깊이를 헤아리는 섬세한 태도를 보여주셨습니다.

장승이라는 소재를 통해 삶과 죽음, 생명과 욕망, 예술과 자유의 본질을 탐구하는 시인의 시각이 매우 인상 깊었습니다. 시를 통해 전통과 현대, 인간과 예술, 삶과 죽음이라는 대립적이면서도 상호 보완적인 주제들이 조화롭게 어우러진 것을 느낄 수 있었습니다.

배선희 시인님의 시를 읽는 경험은 단순한 독서 이상의 체험이었습니다. 시인의 언어가 가지는 힘과 그 언어를 통해 펼쳐지는 세계가 얼마나 넓고 깊은지, 그리고 그 안에서 전해지는 인간의 본질적인 감정들이 얼마나 강렬한 울림을 주는지를 다시금 깨닫게 되었습니다.

시인의 시는 독자로 스스로를 돌아보게 하고, 그 속에서 삶의 본질을 탐구하게 만듭니다. 이 글을 마무리하며, 시인님의 시를 읽고 얻은 감동과 깨달음을 표현하기에는 제 글이 많이 부족하다는 생각이 듭니다. 하지만 시를 읽으며 느낀 깊은 울림과 감사를 전하고자 이렇게 글을 남깁니다. 앞으로도 시인님의 글을 통해 더 많은 사람에게 이러한 감동과 깊이를 전해주시길 바랍니다.

임 마중

모두가 찬양하는 메리 크리스마스는
내 삶을 축복하는 내 노래가 되었네.

세상 한 귀퉁이에 몰래 핀 꽃 한 송이
그 향긋한 내음이 세상 빛으로 오시었네

억겁의 고리를 풀고 삼천대천 세상을 돌아
한 송이 꽃으로 피어 내 품에 안기셨네.

전생연으로 이승까지 이어졌음이리니
어느 생이 온들 또 만나지 않으리오

임은 활짝 피지 않은 영원한 미래의 꽃
눈 한번 감았다 뜨면 본래 그 자리에 있던 것을.

모였다 흩어졌다 생멸하는 구름처럼
오늘은 님께서 나의 꽃으로 나투시었네

환희심으로 분단장하고 꽃가마 올라타고
임 마중 나가 볼까나! 한살림 차려 볼까나!

■
문학평론가 청람 김왕식

배선희 시인은 자연과 인생에 대한 깊은 성찰을 시로 표현해 온 작가로, 그의 작품에서는 삶의 소소한 순간들을 아름다운 언어로 담아내는 특징이 두드러진다.

'임마중' 역시 그런 그의 시적 세계를 잘 나타내는 작품이다. 이 시는 크리스마스의 축복에서 시작해, 존재의 의미와 만남에 대한 철학적 사유를 담고 있다.

시인은 자연의 이미지를 통해 삶과 사랑의 본질을 탐구하며, 각 행마다 감정의 깊이를 더해간다.

"모두가 찬양하는 메리 크리스마스는
내 삶을 축복하는 내 노래가 되었네."

이 첫 구절에서는 크리스마스라는 보편적인 축제일을 개인적인 축복의 순간으로 재해석한다. '메리 크리스마스'라는 일반적 인사말이 시인에게는 자신의 삶을 축복하는 특별한 노래로 변모한다. 이 행에서는 공적인 축제일이 개인의 내면으로 스며드는 과정을 보여준다. 시인의 표현은 일상의 상징을 넘어 개인의 독특한 경험을 담아낸다.

"세상 한 귀퉁이에 몰래 핀 꽃 한 송이
그 향긋한 내음이 세상 빛으로 오시었네"

여기서는 존재의 미묘한 아름다움을 '몰래 핀 꽃'이라는 이미지로 표현한다. 꽃은 흔히 존재의 찰나적이고 덧없음을 상징하지만, 여기서는 그 향기와 빛이 세상에 긍정적인 영향을 미친다. 시인은 작은 존재의 가치와 그 영향력을 상징적으로 묘사하고 있다. 이 구절은 자연과 인간 존재의 조화를 담고 있으며, 작은 것이 지닌 깊은 의미를 일깨워준다.
"억겁의 고리를 풀고 삼천대천 세상을 돌아

한 송이 꽃으로 피어 내 품에 안기셨네."

이 부분은 불교적 세계관을 반영하며, 긴 시간의 흐름과 다양한 세상의 순환 속에서의 만남을 그린다. 시인은 시간과 공간을 초월한 존재의 만남을 표현하며, '한 송이 꽃'으로 이를 상징화한다. 이는 운명적 만남과 그로 인한 감정의 깊이를 드러낸다. 시적 표현의 밀도와 상징적 의미가 돋보인다.

"전생연으로 이승까지 이어졌음이리니
어느 생이 온들 또 만나지 않으리오"

여기서는 전생과 현생의 연결을 통해 영혼의 인연을 강조한다. 이는 운명론적 사고를 반영하며, 과거와 현재의 관계, 그리고 미래의 가능성을 암시한다. 시인은 이러한 인연의 고리를 통해 인간관계의 깊은 의미를 탐구한다. 이 구절은 운명적 만남에 대한 숙연한 인식을 보여주며, 삶의 비밀스러운 연결고리에 대한 경외감을 드러낸다.

"임은 활짝 피지 않은 영원한 미래의 꽃
눈 한번 감았다 뜨면 본래 그 자리에 있던 것을."

이 부분에서는 미래를 '활짝 피지 않은 꽃'으로 비유하여, 아직 다가오지 않은 가능성과 희망을 담아낸다. 시인은 이 잠재적 가능성이 언제든 실현될 수 있음을 암시하며, 순간의 인식을 강조한다. 이는 현실에 대한 낙관적 태도와 더불어, 순간의 중요성을 강조하는 표현이다.

"모였다 흩어졌다 생멸하는 구름처럼
오늘은 임께서 나의 꽃으로 나투시었네"

구름의 생멸을 통해 인간 존재의 덧없음을 표현하면서도, 오늘이라는 순간에 특별한 의미를 부여한다. 임은 시인의 세계에서 특별한 존재로 자리 잡고, 오늘이라는 시간에 구체화된다. 이는 시인이 현재의 중요성과 그 순간의 특별함을 인식하고 있음을 나타낸다.
"환희심으로 분단장하고 꽃가마 올라타고

임 마중 나가 볼까나! 한살림 차려 볼까나!"
마지막 구절은 환희에 가득 찬 미래를 예감하며, 임과 함께 할 삶에 대한 기대를 드러낸다. '꽃가마'는 전통적인 결혼을 상징하며, 여기서는 새로운 시작과 행복한 삶을 예견한다. 시인은 이 구절을 통해 미래에 대한 희망을 그리고, 그 안에서 사랑의 기쁨을 찾는다.

요컨대, 이 시는 자연의 이미지와 불교적 세계관을 통해 존재와 사랑의 의미를 탐구한다. 배선희 시인은 일상적인 축제에서 출발해, 인간 존재의 깊이를 다채롭게 묘사하며, 독자에게 삶의 순간순간을 되새기게 한다.

다만, '임'의 구체적인 정체가 다소 모호하게 남아있어, 독자의 상상력에 의존하는 측면이 강하다. 그럼에도, 시인은 특유의 섬세한 표현과 깊은 감성으로 독자에게 풍부한 여운을 남긴다.

■
배선희 시인에게,

어떤 이유에서든지 한 사람을 혼자서 짝사랑하고 있다는 건 정말 쉽지 않은 일이에요. 마음을 알아주지 않는 사람을 바라보면서 하루하루가 얼마나 길고 외로운지, 그게 얼마나 사람을 지치게 하는지 말이에요. 그런데 이 시를 읽고 나서, 그 사람을 더 그리워하게 됐어요. 시 속의 임처럼, 내가 좋아하는 그 사람도 내 삶에 특별한 존재로 다가왔으면 좋겠다는 생각이 들었거든요.
'모두가 찬양하는 메리 크리스마스는 내 삶을 축복하는 내 노래가 되었네.' 이 부분을 읽으면서, 내가 짝사랑하는 사람과 함께 보낸 작은 순간들이 떠올랐어요.

그 사람이랑 웃으면서 이야기했던 기억들이 크리스마스처럼 특별하게 느껴지기도 하고, 평범한 날도 그 사람과 함께라면 내 인생의 축복처럼 느껴지기도 했죠. 그런 순간들이 나만의 노래가 된다는 생각에 마음이 따뜻해졌어요.

'세상 한 귀퉁이에 몰래 핀 꽃 한 송이'라는 표현도 정말 마음에 와닿았어요. 그 사람은 마치 숨겨진 꽃처럼, 내 마음속에만 피어있는 존재 같았거든요. 다른 사람들은 모르지만, 내겐 너무나 소중하고 아름다운 사람이죠.

그 사람의 작은 행동이나 말 한 마디가 내게는 큰 힘이 되고, 세상을 밝히는 빛처럼 느껴졌어요. 시에서 그 향기가 세상 빛으로 온다는 표현은 정말 그 사람에게 딱 맞는 말이었어요. 내게는 그 사람이 그렇게 큰 의미가 있거든요. 또 '억겁의 고리를 풀고 삼천대천 세상을 돌아 한 송이 꽃으로 피어 내 품에 안기셨네.'라는 구절에서, 그 사람과의 만남이 얼마나 소중한지 다시 한 번 느꼈어요.

내가 살아온 모든 시간들, 그 모든 인연들이 결국 그 사람을 만나기 위해 존재했던 것 같기도 하고, 그래서 더 간절히 그 사람을 그리워하게 돼요. 그 사람과의 인연이 정말 소중한 것 같아요. 언젠가 그 사람이 내 품에 안겨준다면, 그 순간은 정말 특별할 거예요.

그리고 '전생연으로 이승까지 이어졌음이리니 어느 생이 온들 또 만나지 않으리오'라는 말에서, 나는 우리 둘이 전생에도 인연이 있었을 거라고 혼자 상상하게 돼요.

그래서 이번 생에서도 그 사람을 만나게 된 거라고. 비록 지금은 내가 혼자서만 그리워하고 있지만, 언젠가는 이 마음이 전해질 거라고 믿고 싶어요. 그래서 계속 그 사람을 기다릴 수밖에 없어요. 그 사람도 나를 사랑하게 되는 날이 올 거라고 믿으면서요.
'임은 활짝 피지 않은 영원한 미래의 꽃'이라는 구절을 읽을 때, 그 사람과의 미래를 꿈꾸게 돼요. 아직 우리 사이에 아무 일도 일어나지 않았지만, 그 사람이 내 미래의 일부가 되길 간절히 바라는 마음이 커져요.
시에서처럼, 눈 한번 감았다 뜨면 그 사람이 내 옆에 있을 것 같은 그런 희망을 품게 돼요. 그 사람과의 미래는 아직 열리지 않은 꽃처럼, 앞으로 피어날 가능성이 있다는 생각에 마음이 설레요.

'모였다 흩어졌다 생멸하는 구름처럼 오늘은 임께서 나의 꽃으로 나투시었네' 이 부분에서는, 내 마음이 구름처럼 모였다 흩어졌다 하는 걸 느껴요. 때로는 그 사람의 마음을 알 수 없어서 답답하고, 또 때로는 그 사람의 작은 관심 하나에 기뻐하기도 해요.

그 사람은 나의 꽃이 되어 내 마음에 피어있는 거죠. 언제든 사라질 수 있는 구름 같지만, 그래도 그 순간이 너무 소중해요.
마지막으로 '환희심으로 분단장하고 꽃가마 올라타고 임마중 나가 볼까나! 한살림 차려 볼까나!' 이 부분을 읽으면서, 그 사람과의 행복한 미래를 꿈꾸게 돼요.

현실에서는 용기가 없어서 그 사람에게 다가가지 못하고 있지만, 마음속에서는 항상 그 사람과 함께하는 미래를 그리고 있거든요.

이 시를 읽고 나니, 그 사람을 향한 내 마음이 더 커지고 따뜻해졌어요. 짝사랑이라는 게 힘들고 아프기도 하지만, 이렇게 예쁜 마음을 간직하고 있다는 게 감사하게 느껴지기도 해요.

결국 이 시를 통해, 나도 언젠가 그 사람과의 인연을 맺고 싶다는 소망을 다시 한 번 확인했어요. 시 속의 '임' 처럼, 그 사람도 언젠가 내 삶에 활짝 피어난 꽃이 되어 주길 바라면서 말이에요.

매화 족보

봄의 전령사 매화.
세상에서 가장 부지런한 꽃
겨울잠조차 설치고 나선 겨우살이 찬바람을
매향梅香으로 점령하는 승전보

매화는 봄이 앞세우기에
겨울을 열어야 하는 중국과 일본 우리나라,
동양 삼국의 귀염둥이다

한국 최초로 매화족보를 정리한
매화와 더불어 살아온 시심詩心으로
매화나무들을 성형하는 외과의사로
어떤 나무도 김연아, 손연재처럼

우아하고 매끈하게 만들어주는
그를, 우리는 매화 아버지라 부른다

고향이 금둔사인 납월매도
온갖 매목들과 어울려 살아
동면에서 서둘러 깨어나야 하는
생명의 발소리가 들려왔다

사람마다 품안에 담고 사는
봄꽃 매화 같은 설렘이 있어
다소곳이 얼굴 내밀어 피어나고픈 꿈들
매화 아버지는 오늘도 꿈을 다듬고 있다

철없이 마음 설레게 하는
사람마다의 숨은 심매心梅를 일러
무어라 이름을 달아 주시려나?
또한 송이 꽃을 피워내기 위해
묵묵히 제자리 지키고 있는 매화 아버지!

■
문학평론가 청람 김왕식

배선희 시인은 자연의 섭리를 깊이 이해하고, 시인의 심정을 시어에 담아 독자들에게 전하는 작가다.
그의 시는 감각적이고 직관적인 이미지로 가득하며, 독자들을 자연의 풍경 속으로 끌어들이는 힘이 있다. 배선희의 시는 종종 자연을 소재로 삼아, 그 속에서 인간의 감정을 투영하고 삶의 철학적 의미를 탐구한다.

특히 '매화족보'는 매화를 통해 자연과 인간의 조화로운 삶을 제시하며, 그가 매화에 품은 깊은 애정과 존경을 시적으로 표현하고 있다. 매화는 그의 시 속에서 단순한 꽃 이상의 존재로, 삶의 상징이자 희망과 인내의 상징으로 자리 잡는다.

첫행 "봄의 전령사 매화"라는 표현은 매화가 봄을 알리는 첫 번째 꽃임을 강조한다. 매화는 겨울의 차가움을 뚫고 가장 먼저 피어나는 꽃으로, 새로운 시작과 희망을 상징한다.
"세상에서 가장 부지런한 꽃"이라는 표현은 그 생명력과 끈기를 강조하며, 매화가 지닌 강인한 성질을 드러낸다. 이는 매화가 단순한 꽃이 아닌, 생명력과 인내의 상징임을 보여준다.
이어지는 "겨울잠조차 설치고 나선 겨우살이 찬바람을 매향梅香으로 점령하는 승전보"라는 구절은 매화의 향기가 겨울의 차가움을 이겨내고, 봄의 도래를 알리는 상징적인 역할을 한다는 것을 시적으로 표현한다. 매화의 향기는 생명력과 회복의 상징으로, 이를 통해 시인은 자연의 회복력과 인간의 끈기를 비유적으로 전달하고 있다.

"매화는 봄이 앞세우기에 겨울을 열어야 하는 중국과 일본 우리나라, 동양 삼국의 귀염둥이다"라는 행에서는 동양 문화권에서 매화가 지닌 상징적 의미를 설명한다. 한국, 중국, 일본에서 매화는 모두 봄의 전령사로 여겨지며, 이는 동양의 자연관과 철학적 사유를 반영한다. 특히 매화는 이들 나라에서 순수함과 고결함, 인내와 끈기의 상징으로 여겨진다.

다음으로, "한국 최초로 매화족보를 정리한 매화와 더불어 살아온 시심詩心으로 매화나무들을 성형하는 외과의사로"라는 구절은 매화에 대한 깊은 애정과 그에 대한 연구를 강조한다. '매화족보'를 정리했다는 것은 단순히 매화에 대한 지식이 아니라, 매화와 삶을 함께한 시인의 경의와 사랑을 나타낸다. 또한, 매화나무를 성형하는 '외과의사'라는 비유는 매화의 아름다움을 극대화하는 예술가적 시인의 면모를 드러낸다.

"어떤 나무도 김연아, 손연재처럼 우아하고 매끈하게 만들어주는 그를, 우리는 매화 아버지라 부른다"

이 연에서는 매화에 대한 시인의 애정을 잘 보여준다. 매화 아버지로 불리는 이는 매화를 정성스럽게 가꾸고, 그것을 통해 자연의 아름다움을 더 돋보이게 한다. 이는 단순히 매화를 기르는 것을 넘어, 매화를 통해 삶의 아름다움과 예술적 가치를 찾고자 하는 시인의 철학을 엿볼 수 있는 대목이다.

"고향이 금둔사인 납월매도 온갖 매목들과 어울려 살아 동면에서 서둘러 깨어나야 하는 생명의 발소리가 들려왔다"는 구절은 매화의 생명력과 조화로움을 강조한다. 매화는 다른 꽃들과 조화를 이루며 함께 살아가는 생명체로 묘사되며, 이는 자연의 조화와 균형을 상징적으로 나타낸다. 또한, '생명의 발소리'라는 표현을 통해 매화가 단순한 꽃이 아닌, 생명을 상징하는 존재임을 강조한다.

"사람마다 품안에 담고 사는 봄꽃 매화 같은 설렘이 있어 다소곳이 얼굴 내밀어 피어나고픈 꿈들 매화 아버지는 오늘도 꿈을 다듬고 있다"

이 구절에서 매화는 인간의 꿈과 희망을 상징하는 요소로 사용되었음을 보여준다. 매화 아버지는 매화를 가꾸며 그 속에서 인간의 내면에 자리한 꿈과 희망을 발견하고, 그것을 다듬는 역할을 한다. 이는 매화가 단순히 자연의 일부가 아니라, 인간의 정신과 감정을 비유적으로 표현하는 도구임을 나타낸다.

"철없이 마음 설레게 하는 사람마다의 숨은 심매心梅를 일러 무어라 이름을 달아 주시려나?"
이 구절에서는 매화가 사람마다 마음속에 존재하는 꿈과 희망을 상징하는 것을 암시한다. 시인은 매화를 통해 각자의 마음속에 자리한 희망과 꿈을 찾아내고, 그것을 이름 지어주려 한다. 이는 매화가 단순히 자연 속의 존재가 아니라, 인간의 내면적 성장과 발전을 상징하는 요소로 기능하고 있음을 보여준다.

"또한 송이 꽃을 피워내기 위해 묵묵히 제자리 지키고 있는 매화 아버지!"

이는 매화 아버지의 끈기와 인내를 상징적으로 표현한다. 매화 아버지는 매화를 가꾸는 일에 헌신하며, 그 과정을 통해 자연과 인간의 조화로운 삶을 실현하고자 한다. 이는 시인이 추구하는 삶의 철학과 가치를 잘 드러내고 있다.

이 시는 전체적으로 매화는 생명력, 인내, 희망, 조화의 상징으로 사용되며, 매화 아버지는 그 매화를 통해 자연과 인간의 조화로운 삶을 구현하고자 하는 예술적이며 철학적인 인물로 그려진다. 시인은 매화를 매개로 인간의 내면적 갈망과 자연의 회복력을 연결시키며, 이를 통해 인간과 자연의 조화로운 삶을 추구하는 시인의 가치 철학을 담아내고 있다.

배선희 시인의 '매화족보'는 매화라는 자연의 일부를 통해 인간의 삶과 철학적 성찰을 유도하는 탁월한 시적 작품으로 평가된다.

■
배선희 시인님께,

안녕하세요. 시인님의 시 '매화 족보'를 읽고 난 후, 마음 깊은 곳에서부터 차오르는 감동을 전하고자 이렇게 글을 씁니다. 시를 읽으며 느낀 첫 감정은 마치 봄의 첫 공기를 마주한 것처럼 상쾌하고 맑았습니다. 매화의 향기와 생명력이 가득 담긴 시어들 속에서 자연의 섭리와 인간의 삶이 하나로 어우러져 있는 모습이 절묘하게 그려져 있었습니다.

시인님께서는 매화를 단순한 꽃으로 묘사하지 않으셨습니다. 매화는 시 속에서 겨울의 매서운 추위를 견디고 가장 먼저 피어나는 꽃으로, 봄의 전령사이자 생명력과 인내의 상징으로 자리 잡고 있습니다. 매화의 존재를 통해 시인님이 전하고자 하는 메시지가 자연스럽게 독자의 마음에 스며듭니다. 매화는 희망의 싹을 틔우고, 인내로써 피어나는 아름다움을 가르쳐주는 스승과도 같은 존재가 되었습니다.

특히, 매화 아버지라는 인물의 등장으로 시 속의 매화는 단순한 자연물이 아닌 예술적 창조의 산물로 탈바꿈합니다. 매화를 가꾸고 돌보는 매화 아버지의 모습은 마치 한 편의 시를 쓰는 시인의 모습과도 닮아 있습니다. 매화의 가지를 다듬고 아름답게 피어나게 하는 그의 정성이 바로 시인의 시심이자, 자연을 대하는 깊은 애정의 표현이라 느껴집니다. 이는 시인이 매화에 품은 감정과 경외심을 진하게 전달해줍니다.

'매화 족보'를 읽으며, 저 또한 제 마음 속에 숨겨진 '심매(心梅)'를 찾고 싶은 마음이 들었습니다. 시인이 그려내는 매화는 단순한 꽃이 아닌, 우리 마음 속에 품고 있는 소중한 꿈과 희망을 상징하는 존재로, 그 존재가 가슴 깊이 와 닿았습니다. 매화를 가꾸는 매화 아버지의 묵묵한 인내와 끈기는 우리의 내면에도 스며들어, 인생의 어려움을 헤쳐 나가는 힘과 용기를 불어넣어 주었습니다.

시인님의 시를 통해, 자연과 인간의 삶이 어떻게 조화를 이루며 상생할 수 있는지를 다시금 깨닫게 되었습니다. 시가 지닌 힘이란 바로 이러한 것일 테지요. 단순한 언어의 조합을 넘어, 그 안에 담긴 사유와 감정을 통해 독자의 마음을 움직이고, 생각을 확장시키는 것. 매화에 대한 깊은 이해와 애정을 통해 시를 쓰신 시인님의 모습이 매화 아버지와 겹쳐 보이기도 합니다.

이 시를 읽은 후, 저는 자연을 대하는 태도와 삶을 바라보는 관점에 대해 다시 한번 생각하게 되었습니다. 매화처럼 부지런히 피어나는 삶, 인내와 끈기로 견디며 꽃을 피워내는 삶을 저 역시 살아가고 싶다는 다짐을 해봅니다. 시인님의 시는 제게 큰 울림과 교훈을 주었고, 앞으로도 시인님의 작품을 통해 더 많은 깨달음과 감동을 얻고 싶습니다.

앞으로도 자연과 인간의 조화로운 삶을 탐구하고, 그것

을 시로 아름답게 표현해 나가시는 시인님의 행보를 진심으로 응원하겠습니다. 항상 건강하시고, 더 많은 이들에게 깊은 감동과 깨달음을 전해주시길 바랍니다.

탈

1.
인간을 수호하는 신령님이
설마 사람 얼굴로 나타나실까?
인간을 괴롭히는 악귀나 요귀가
설마 사람 얼굴로 디리댈까?

원시 집단생활 때부터
신앙의식을 위해 주술행위를 위해
사람이 만들어내야 했던 탈.
사람마다 제 탈을 쓰고 살아가는 세상
탈의 현장에 사람들이 모였다.

종교의식을 위해 쓰는 신앙가면
무용이나 연주할 때 쓰는 예능가면,
모두 색깔이 짙은 것은
장작 불빛에 잘 비추려는 조명술이었다면
화장을 한 얼굴 또한 탈을 쓴 것인가

2.
생김새도 표정도 각각 다른 얼굴들
그 안에 감추어진 생각들을 드러내어
춤사위로 읽어내는 탈춤 명인

십일면 보살도 천수천안 보살도 있는데
세상단사 엮어 사는 사람들
사람들의 얼굴은 몇이나 되려나?
묵묵히 탈춤 추는 인간문화재

탈을 쓴 자의 춤사위까지를 밟아

세상을 풍자해 내는 그의 발걸음마다
민족의 애환이 고여 질퍽거린다
가리어진 속내를 휘저을 때마다
탈 밖으로 숨소리가 애잔하다.

내가 쓰고 나온 이 탈은
어느 명인이 만들었을까?
희로애락을 감추지 못하는 마음 한 가닥
인간문화재 탈춤의 명인에게 넌지시 넌지시~~~

■
문학평론가 청람 김왕식

이 시는 배선희 시인의 시이다. 안동 하회 탈춤을 완성시켜 오늘에 하회 별신굿을 재현한 안동 하회별신굿 예능 보유자 '이상호'님을 배선희 시인이 찾아가서 안동 하회별신굿 춤사위를 직접 보고 쓴 시이다.
배선희 시인은 한국의 전통문화와 민속예술에 깊은 애정을 가진 시인이다. 그녀의 시는 종종 우리의 전통을 현대적으로 재해석하며, 그 속에 담긴 사람들의 삶과 감정을 섬세하게 묘사한다. 특히, 안동 하회 탈춤과 같은 문화유산을 소재로 한 시는 그녀의 독특한 시각과 표현력이 돋보인다. 배선희 시인은 시를 통해 전통예술의 가치와 그 안에 담긴 인간의 희로애락을 생생하게 전달한다.
1.

인간을 수호하는 신령님이
설마 사람 얼굴로 나타나실까?
인간을 괴롭히는 악귀나 요귀가
설마 사람 얼굴로 디리댈까?

첫 행은 인간을 수호하는 신령과 악귀가 사람의 얼굴로 나타날 가능성을 묻는 질문으로 시작한다. 이는 신령과 악귀가 실제로는 인간과 다른 존재임을 강조하면서, 탈을 쓴 인간의 모습을 통해 그들을 형상화하려는 의도를 드러낸다. 탈은 이러한 상상력을 구체화하는 도구로서, 인간과 신령, 악귀 사이의 경계를 넘나드는 매개체로 작용한다.

원시 집단생활 때부터 신앙의식을 위해 주술행위를 위해 사람이 만들어내야 했던 탈,
사람마다 제 탈을 쓰고 살아가는 세상 탈의 현장에 사람들이 모였다.
탈은 원시 시대부터 신앙의식과 주술행위를 위해 만들어졌다. 이 시는 현대 사회에서도 사람마다 자신만의 '

탈'을 쓰고 살아간다는 점을 강조한다. 이는 탈이 단순히 전통 예술품이 아니라, 각자의 역할과 정체성을 상징하는 현대인의 삶의 은유임을 보여준다.

종교의식을 위해 쓰는 신앙가면 무용이나 연주할 때 쓰는 예능가면, 모두 색깔이 짙은 것은
장작 불빛에 잘 비추려는 조명술이었다면
화장을 한 얼굴 또한 탈을 쓴 것인가?

여기서 시인은 신앙가면과 예능가면의 색깔이 짙은 이유를 조명술과 연결짓는다. 이는 탈의 기능적 측면을 설명하며, 동시에 화장을 한 얼굴도 일종의 탈이라는 점을 암시한다. 이는 탈의 개념을 확장하여, 우리가 일상에서 사용하는 다양한 가면들을 포함시킨다.

2.
생김새도 표정도 각각 다른 얼굴들
그 안에 감추어진 생각들을 드러내어 춤사위로 읽어내는 탈춤 명인

십일면 보살도 천수천안 보살도 있는데 세상단사 엮어 사는 사람의 얼굴들은 몇이나 되려나? 묵묵히 탈춤 추는 인간문화재

각기 다른 생김새와 표정을 가진 얼굴들이 무대에 오르며, 탈춤 명인은 그 안에 숨겨진 생각들을 춤사위로 표현한다. 이는 탈춤이 단순한 공연이 아니라, 인간의 다양한 감정과 생각을 드러내는 예술임을 강조한다. '십일면 보살'과 '천수천안 보살'처럼 많은 얼굴과 손을 가진 보살들이 있지만, 그보다 더 많은 얼굴을 가진 사람들이 세상을 살아가고 있다.

탈을 쓴 자의 춤사위까지를 밟아 세상을 풍자해 내는 그의 발걸음마다 민족의 애환이 고여 질퍽거린다 가리어진 속내를 휘저을 때마다
탈 밖으로 숨소리가 애잔하다.
탈춤 명인의 춤사위는 세상을 풍자하며, 그 발걸음마다 민족의 애환이 담긴다. 이는 탈춤이 단순한 오락이 아니라, 민족의 역사와 감정을 담고 있음을 보여준다. 탈춤

을 추는 동안 감추어진 속내가 드러나고, 그 과정에서 느껴지는 인간적인 고뇌와 애잔함이 독자의 마음을 울린다.

내가 쓰고 나온 이 탈은
어떤 명인이 만들었을까?
희로애락을 감추지 못하는 마음 한 가닥 인간문화재 탈춤의 명인에게
넌지시 넌지시~~~

마지막 행에서는 시인이 자신이 쓰고 있는 탈이 어느 명인이 만들었는지를 묻는다. 이는 단순한 궁금증을 넘어서, 그 탈을 통해 자신이 느끼는 감정을 드러내고자 하는 의지를 보여준다. 또한, 탈을 만든 명인의 예술혼을 존중하며, 그 속에 담긴 희로애락을 자신의 것으로 받아들이려는 마음을 나타낸다.

배선희 시인의 시 "탈"은 전통 예술인 탈춤을 통해 인간의 감정과 정체성을 탐구한다. 탈은 단순한 가면이 아니

라, 인간의 내면을 드러내고, 그 안에 담긴 이야기를 표현하는 도구로서 기능한다. 시인은 탈을 통해 인간의 다양한 감정을 섬세하게 묘사하며, 그 속에 담긴 민족의 역사와 문화를 풍부하게 그려낸다. 시의 각 행은 탈과 인간의 관계를 다층적으로 분석하며, 탈을 쓰고 살아가는 현대인의 삶을 반영한다.

요컨대, 배선희 시인의 시 "탈"은 탈을 소재로 인간의 내면을 탐구하는 깊이 있는 작품이다. 탈춤을 통해 인간의 희로애락을 표현하며, 그 속에 담긴 민족의 역사와 문화를 생생하게 그려낸다. 시인은 섬세한 표현과 깊이 있는 통찰을 통해 탈의 의미를 재해석하며, 독자에게 감동을 전한다. 이 시는 전통 예술과 현대인의 삶을 연결하는 중요한 작품으로, 배선희 시인의 독특한 시각과 뛰어난 표현력을 잘 보여준다.

■
배선희 시인님께,

안녕하세요, 시인님의 시 "탈"을 읽고 깊은 감동을 받아 이렇게 글을 씁니다. 시를 읽으며 제가 느낀 것은 단순히 몇 개의 단어로 표현할 수 없는 감정들이었습니다. 시 속에 담긴 탈과 인간의 관계, 그리고 탈을 통해 드러나는 삶의 이야기들은 마치 저의 마음 깊은 곳을 건드리는 듯했습니다. 시인님께서 그려내신 그 감정의 흐름 속에서 저 또한 하나의 등장인물이 된 기분이 들었습니다.

"탈"이라는 소재를 통해 인간의 내면과 삶의 복잡한 이면을 섬세하게 그려내신 점이 인상 깊었습니다. 특히, 우리가 일상에서 쓰고 다니는 수많은 '탈'들이 새롭게 보였습니다. 시를 읽고 나서 문득 거울 앞에 선 제 얼굴이, 평소에는 너무 익숙해 아무 생각 없이 보아 넘겼던 그 얼굴이 낯설게 느껴졌습니다. 나 또한 나의 삶에서 무언가를 감추고, 표현하고자 하는 탈을 쓰고 있지는 않은지 돌아보게 되었습니다.

또한, 탈춤 명인들의 춤사위를 통해 묵묵히 그려내신 민족의 애환과 감정이 고스란히 전해져 왔습니다. 그들의 춤은 단순한 예술이 아니라, 우리 모두가 함께 느끼고 공감할 수 있는 삶의 이야기였다는 생각이 들었습니다. 시에서 느껴지는 명인의 발걸음 하나하나가 마음에 깊이 새겨졌습니다. 그 속에서 억눌린 감정과 애잔한 숨소리가 묻어나오는 장면이 특히 인상적이었습니다.

시를 읽고 난 후, 저는 시인님께서 표현해주신 그 세계를 조금이나마 더 느끼고 이해하고 싶어졌습니다. 안동하회탈춤, 그 현장의 공기와 사람들의 열정을 느껴보고 싶어졌습니다. 탈이란 단순한 가면이 아닌, 우리의 감정과 삶을 드러내는 매개체임을 시인님 덕분에 깨달을 수 있었습니다. 그 탈을 만든 명인의 손길과 그 속에 담긴 예술혼이 얼마나 큰 울림을 주는지, 시를 통해 절실히 느꼈습니다.

특히 마지막에, 시인님께서 자신의 탈이 어느 명인의 손을 거쳐 만들어졌는지 궁금해하며 넌지시 묻는 장면이 깊은 여운을 남겼습니다. 시를 읽는 동안 저 또한 그런 궁금증과 동시에 그 탈에 담긴 이야기를 상상하게 되었습니다. 그 탈은 어떤 시간을 거쳐, 어떤 사람들의 손에서 만들어졌을까요? 그리고 그 탈을 쓰고 살아가는 우리는 어떤 이야기를 가지고 있을까요? 시인님께서 던지신 그 물음들이 시를 읽는 내내 제 마음 속에 울려 퍼졌습니다.

시인님께서 전해주신 그 깊은 통찰과 예술적 감각에 감사를 드립니다. 전통을 소재로 삼아 현대의 감정과 이야기를 풀어내는 시인님의 시는 그 자체로 예술이며, 우리의 문화와 삶을 새롭게 바라보게 해주는 창이 되었습니다. 시를 읽으며 우리의 삶도 하나의 춤사위이며, 탈을 쓰고 살아가는 우리 또한 그 안에서 표현하고자 하는 바가 있다는 생각을 하게 되었습니다. 앞으로도 시인님의 시가 전해주는 그 울림과 감동을 더 많이 느껴보고 싶습니다.

시인님의 작품이 많은 사람들에게 더 널리 읽히고 사랑받기를 진심으로 바랍니다. 시인님께서 앞으로도 전해주실 시를 기대하며, 다시 한번 깊은 감사를 드립니다.

백목련

아기솜털의 고깔모자를 쓰고
쏙 얼굴을 내밀어 세상 구경하는 목련
제비 새끼처럼 입 뾰족 벌리고
봄볕을 한 움큼 받아 꿀꺽 삼키고 있다

세상에서 가장 깨끗한 의상 걸쳐 입고
임 마중 나오셨나?
그린 임은 어디에 숨기셨나?
뽀오얀 얼굴 살포시 웃고 있네.

어둠이 내리는 제주에서
마지막 길손 기다리는 백목련

하늘 보기마저 부끄럼인가
모두 고개 숙인 사연 모르겠네.

고귀하게 나를 반겨주는
홀로 빛나는 너였기에
제주 백목련 꽃그늘은 행복이다

■
문학평론가 청람 김왕식

배선희 시인은 삶의 노정을 통해 자연과 인간의 내면을 섬세하게 묘사하며, 깊이 있는 감수성을 시로 풀어낸다. 배선희 시인의 시는 삶과 자연의 연결고리를 탐구하는 데에 집중하며, 일상의 평범한 순간을 예리한 통찰과 독특한 상상력으로 재해석한다.

'백목련'은 시인의 시세계가 지닌 순수함과 인간 존재의 근원적인 아름다움을 그려낸 작품으로, 제주라는 공간적 배경 속에서 피어나는 백목련의 이미지를 통해 자연과 인간, 그리고 삶의 근원적인 진실을 표현하고 있다.

"아기솜털의 고깔모자를 쓰고 / 쏙 얼굴을 내밀어 세상 구경하는 목련 제비 새끼처럼 입 뾰족 벌리고 / 봄볕을 한 움큼 받아 꿀꺽 삼키고 있다"

첫 연에서는 백목련이 아기 솜털의 고깔모자를 쓴 모습으로 등장한다. '아기솜털'은 순수하고 연약한 이미지를 연상시키며, '고깔모자'는 이 시적 대상을 사랑스럽고 보호받아야 할 존재로 나타낸다.

목련이 세상 구경을 하는 장면은 마치 제비 새끼가 첫 비행을 시도하는 모습처럼 묘사되며, 새로운 세상을 향한 호기심과 생명의 생동감을 느끼게 한다. "봄볕을 한 움큼 받아 꿀꺽 삼킨다"는 표현은 자연의 순수한 에너지를 받아들여 성장하는 생명체의 모습을 상징하며, 생명의 원초적 본능을 함축적으로 보여준다.

"세상에서 가장 깨끗한 의상 걸쳐 입고 / 임 마중 나오셨나? / 그린 임은 어디에 숨기셨나? / 뽀오얀 얼굴 살포시 웃고 있네."

이 연에서는 목련이 '세상에서 가장 깨끗한 의상'을 입은 모습으로 그려진다. 여기서 '깨끗한 의상'은 백목련의 흰 꽃잎을 의미하며, 순수함과 결백함을 상징한다. '임 마중 나오셨나?'라는 질문은 목련이 어떤 존재를 맞이하기 위해 피어난 것처럼 보이게 하며, 이는 자연의 순수함이 인간의 순수한 감정과 연결될 수 있음을 시사한다. '그린 임'은 시적 화자의 내면에 자리 잡은 이상적인 존재나 사랑을 의미하며, 그 대상이 현실적으로는 존재하지 않는 혹은 감춰진 상태임을 암시한다.

마지막 구절에서 '뽀오얀 얼굴 살포시 웃고 있네'라는 표현은 목련의 조용한 미소를 통해 순수함 속에 담긴 고요한 아름다움을 강조한다.

"어둠이 내리는 제주에서 / 마지막 길손 기다리는 백목련 / 하늘 보기마저 부끄럼인가 / 모두 고개 숙인 사연 모르겠네."

세 번째 연에서는 어둠이 내리는 제주라는 배경 속에서 백목련이 '마지막 길손'을 기다리고 있는 모습이 그려진다. 여기서 '마지막 길손'은 일종의 종말이나 끝자락에 서 있는 존재를 상징하며, 목련의 고요한 기다림 속에 담긴 고독과 인내를 엿볼 수 있다.

'하늘 보기마저 부끄럼인가'라는 표현은 목련이 자신을 드러내는 것조차도 조심스러워하는 듯한 느낌을 주며, 그 고귀함과 겸손함을 동시에 드러낸다. '모두 고개 숙인 사연 모르겠네'는 목련의 고개 숙임이 단순한 겸손을 넘어선 어떤 깊은 내면의 이야기나 고통을 암시하고 있다.

"고귀하게 나를 반겨주는 / 홀로 빛나는 너였기에 / 제주 백목련 꽃그늘은 행복이다"

마지막 연은 백목련을 시적 화자가 개인적으로 고귀한 존재로 느끼는 장면으로 마무리된다. '고귀하게 나를 반겨주는'이라는 구절은 목련이 단순한 꽃 이상의 존재로 시적 화자에게 다가오며, 존재 자체로 위로와 감동을 준다는 것을 의미한다.

'홀로 빛나는 너였기에'라는 표현은 백목련이 가진 독특한 아름다움과 존재감을 강조하며, 그로 인해 화자는 제주 백목련의 꽃그늘을 '행복'으로 느낀다고 고백한다. 이는 단순한 자연의 아름다움을 넘어, 그 안에 담긴 깊은 정서적 울림과 정신적 위안을 느낄 수 있는 순간을 시화한 것이다.

'백목련'은 배선희 시인의 자연에 대한 섬세한 감수성과 인간 내면의 정서를 담아낸 작품이다. 시인은 백목련이라는 자연적 소재를 통해 순수함, 고독, 기다림, 그리고 고귀함이라는 인간의 다양한 감정을 투영하고 있다. 특히 시각적 이미지를 통해 독자가 목련의 흰 꽃잎을 떠올리며, 그 속에 깃든 감정을 함께 느낄 수 있게 한다는 점에서 이 시의 힘이 드러난다.

표현상의 특징으로는 서정적 이미지와 은유적인 표현이 두드러지며, 각 행마다 시적 화자의 감정이 섬세하게 드러난다. 시의 흐름은 목련이라는 고정된 대상이 아니라 그 대상에 비춰지는 시적 화자의 내면으로 흘러가며, 그 속에서 독자는 자신을 발견하게 된다.
배선희 시인은 이 시를 통해 자연과 인간, 그리고 그 사이의 본질적인 교감을 그려내며, 삶의 근원적인 아름다움과 진실을 탐구하는 데에 성공하고 있다.

■
배선희 시인님께,

시인의 시 '백목련'을 읽으며, 가슴 깊이 울림을 느꼈습니다. 한 편의 시가 주는 감동이 이렇게까지 마음을 흔들 수 있다는 것을 새삼 깨달았습니다. 단순히 자연을 노래하는 것이 아니라, 그 자연 속에 스며 있는 인간의 감정, 순수함과 기다림, 고독과 고귀함을 세심하게 그려내신 점이 인상 깊었습니다.

시를 읽는 동안, 제주의 백목련이 눈앞에 피어난 듯한 생생한 느낌을 받았습니다. 고깔모자를 쓴 듯 세상에 갓 나와 햇살을 삼키며 자라는 모습은 마치 새로운 삶을 마주하는 어린아이의 설렘처럼 다가왔습니다. 그 모습에서 느껴지는 순수함과 생명력은, 제가 잊고 지냈던 삶의 본질을 떠올리게 만들었습니다. 살아간다는 것, 그 자체의 신선함과 신비로움을 다시금 느끼게 된 순간이었습니다.

'세상에서 가장 깨끗한 의상'을 걸치고 '임 마중' 나오는 목련의 모습은 저에게 어떤 사랑을 기다리는 설렘을 떠올리게 했습니다. 순백의 목련은 그저 아름다운 꽃이 아닌, 우리 내면의 순수한 감정들을 반영하는 거울처럼 느껴졌습니다.

'그린 임'이라는 표현에서는 그 대상을 향한 기다림과 그리움이 느껴졌고, 그리움과 기다림은 누구나 한 번쯤은 경험했을 법한 감정이기에 더욱 공감할 수 있었습니다. 목련의 고귀한 모습이 그리움과 기대감을 더욱 깊게 만들어 주는 것 같았습니다.

어둠이 내리는 제주에서 마지막 길손을 기다리는 백목련의 모습은 고독함과 동시에 깊은 인내의 아름다움을 보여주었습니다. 시인이 묘사한 목련의 모습은 마치 어둠 속에서도 스스로의 빛을 잃지 않는 고고한 존재처럼 보였습니다. 시인의 표현대로, 목련이 하늘을 보기마저 부끄러워 고개를 숙이는 모습에서 겸손함과 그 속에 담긴 깊은 이야기를 엿볼 수 있었습니다. 목련은 자신의 내면을 드러내기보다 조용히 피어 있으며, 그 속에 담긴 감정의 깊이와 이야기는 독자로 하여금 저마다의 해석과 공감을 불러일으켰습니다.

'홀로 빛나는 너였기에 제주 백목련 꽃그늘은 행복이다'라는 구절에서 시인의 개인적인 감정과 백목련에 대한 경외가 깊이 느껴졌습니다. 시인은 백목련을 단순한 자연의 아름다움으로 그치지 않고, 그 속에서 우리가 잃어버렸던 혹은 잊고 지냈던 어떤 소중한 감정과 가치들을 일깨워 주셨습니다. 백목련의 고귀함 속에서 느껴지는 평화로움과 위로는, 시인이 바라본 자연의 진실함과 아름다움을 그대로 전달받는 듯했습니다.

시를 통해 시인이 전하고자 하는 삶의 근원적인 아름다움과 진실을 마주할 수 있었고, 백목련을 바라보는 시인의 시선에서 많은 것을 느끼고 배우게 되었습니다. 시인의 감수성과 통찰력이 돋보이는 '백목련'이라는 작품을 읽고 나니, 세상과 인간, 그리고 삶의 본질에 대한 시인의 생각을 더 깊이 이해하게 되었습니다.

'백목련'을 통해 시인께서 전하고자 한 순수한 감정과 삶의 깊이는 오랫동안 마음속에 남을 것 같습니다. 시를 읽는 내내 마치 제주의 그 맑은 하늘 아래, 백목련의 그늘 속에 머무르는 듯한 느낌을 받았습니다. 앞으로도 시인의 시가 많은 사람들에게 위로와 감동을 전해주길 바랍니다. 좋은 시를 읽게 되어 깊은 감사의 마음을 전합니다.

쉰 고개

내리막길 잔잔한 호수
산허리를 휘감는 바람 한 가닥에
물결이 인다, 파도가 인다.

차곡차곡 올려 앉았던 낙엽들이
회오리바람을 일으켜 흩날리고 있다.
이파리마다 감추어 시들어 갔던
파란 혼령들이 환생하는 날.

긴긴 세월 감기기만 했던 나이테가
일시에 풀려나 호수가 되고 파도가 되고
물줄기를 내어 용솟음치는 폭포수!

높은 만큼 물보라 꽃잎을 날려
무지개로 뜨는 쉰 고개.

사랑이라던가!
감아도 잠재워도 일시에 폭포로 쏟아져서
무지개로 뜨는 쉰 고개

쉰 고개에 올라 숨을 고르자니
끝이 보이지 않는 호수 먼 바다!
돛단배라도 한 척 띄워야 할까나.

■
문학평론가 청람 김왕식

배선희 시인의 시 "쉰 고개"는 인생의 특정시기, 특히 여성으로서의 삶의 변환점이라 할 수 있는 쉰 고개에 대한 깊은 사색을 담고 있다. 시인은 이 작품을 통해 오십이라는 나이를 넘어선 여성의 내면적 성찰과 그 감정의 파도를 표현한다.

배선희 시인은 나이 듦과 더불어 과거의 추억이 선명하게 떠오르고, 그 추억 속에 감추어 두었던 감정들이 강하게 솟구치는 순간을 시적으로 형상화하였다. 이 작품은 그가 삶 속에서 경험한 긴 시간의 그리움과 애절함, 그리고 그로 인한 내적 소용돌이를 드러내며, 쉰이라는 나이에 이르러 삶을 되돌아보고 내면의 깊이를 탐색하는 시적 탐구를 보여준다.

시인은 "내리막길 잔잔한 호수"로 시작한다. 이는 인생의 길을 은유적으로 표현하며, 잔잔한 호수는 비교적 평온한 인생의 한 시기를 나타낸다.

"산허리를 휘감는 바람 한 가닥에 / 물결이 인다, 파도가 인다"라는 표현은 평온했던 인생의 길에 변화를 가져오는 감정의 바람을 의미한다. 이 바람은 외부의 사건일 수도 있고, 내면의 기억일 수도 있다. 바람 한 가닥이 불어오는 순간, 마음속 깊이 고요하게 자리 잡고 있던 감정들이 일렁이며 파도처럼 밀려온다. 이는 오십이라는 나이에 이르러 과거의 추억들이 새삼 떠오르는 순간의 감정적 변화를 상징적으로 표현한 것이다.

"차곡차곡 올려 앉았던 낙엽들이 회오리바람을 일으켜 흩날리고 있다"라는 구절을 통해 누적된 감정들이 회오리바람처럼 강렬하게 휘몰아치며 흩날리는 모습을 그려낸다. 여기서 낙엽은 시간이 지나며 쌓여 온 기억이나 감정을 상징한다. 이파리마다 감추어 시들어 갔던 "파란 혼령들이 환생하는 날"은 시간 속에 묻혀 있던 감정들이 다시금 살아나며 현재의 감정적 폭풍을 일으키는 순간을 나타낸다. 특히 '환생'이라는 표현은 새로운 시작을 의미하며, 쉰이라는 나이를 맞아 새로운 감정의 소용돌이와 만나는 순간을 강조한다.

"긴긴 세월 감기기만 했던 나이테가 일시에 풀려나 호수가 되고 파도가 되고 물줄기를 내어 용솟음치는 폭포수!"로, 오랜 시간 동안 쌓여왔던 감정들이 일시에 풀려나면서 폭발적으로 표출되는 과정을 묘사한다. 나이테는 나무의 성장 과정을 나타내듯, 인간의 삶에서도 나이테는 시간의 축적과 경험의 깊이를 나타낸다.
이 나이테가 풀려나 호수와 파도, 그리고 폭포수로 변하는 것은 억눌렸던 감정들이 자유롭게 흘러나오며 자신을 표현하는 것을 상징한다. 이는 쉰이라는 나이가 단순히 노화를 의미하는 것이 아니라, 그동안 억눌렸던 감정과 생각들이 해방되는 새로운 전환점임을 암시한다.

"높은 만큼 물보라 꽃잎을 날려 / 무지개로 뜨는 쉰 고개"라는 구절은 감정의 폭발적인 표출이 아름다운 장관을 이루는 모습을 시각적으로 형상화한다. 쉰 고개는 단순한 나이를 넘어, 인생의 높은 고개를 넘어서는 과정에서 피어나는 아름다움을 상징한다. 무지개는 그 과정에서 생겨난 다양한 감정의 스펙트럼을 의미하며, 이러한 감정적 경험들이 결국 인생을 더욱 풍성하고 의미 있게 만든다는 것을 나타낸다.

"사랑이라던가! / 감아도 잠재워도 일시에 폭포로 쏟아져서 무지개로 뜨는 쉰 고개"라는 표현을 통해 사랑의 본질에 대해 성찰한다. 오십이라는 나이에 이르러 과거의 사랑과 감정들이 일시에 쏟아져 나오며 무지개처럼 다시금 떠오르는 순간을 표현한 것이다. 이는 사랑이란 것이 억누르고 감춰도 결국에는 강렬하게 표출될 수밖에 없는, 인간의 본질적 감정임을 상기시킨다.
마지막 연에서는 "쉰 고개에 올라 숨을 고르자니 / 끝이 보이지 않는 호수 먼 바다! 돛단배라도 한 척 띄워야 할까나."로,

쉰 고개에 이른 시인이 새로운 노정을 준비하는 모습을

보여준다. 끝이 보이지 않는 호수와 먼바다는 아직도 남아 있는 인생의 노정과 그 불확실성을 상징한다. 돛단배는 새로운 노정으로 떠나기 위한 준비와 결심을 나타내며, 시인은 쉰 고개를 넘어 다시금 새로운 도전을 시작하려는 마음가짐을 드러낸다.

이 시의 감성적 측면과 이미지의 중요성은 작품 전반에 걸쳐 나타나 있다. 시인은 자연의 이미지를 통해 감정의 변화를 시각적으로 형상화하며, 이를 통해 독자에게 감정적 공감을 불러일으킨다. 또한, 시인의 가치철학은 인생의 길에서 나이 듦을 단순히 쇠락이 아닌, 내면의 풍요로움을 재발견하는 과정으로 본다는 점에서 두드러진다.

배선희 시인의 "쉰 고개"는 단순한 나이의 흐름을 넘어, 인생의 깊이와 그 안에 담긴 감정의 파동을 탐구하는 시적 노정이다. 이를 통해 독자는 자신의 삶과 감정을 돌아보게 하는 성찰의 기회를 얻는다. 이 시는 내면의 감정을 솔직하게 직시하고, 그 감정의 파도를 있는 그대로 받아들이는 성숙한 태도를 제시하며, 삶의 풍요로움을 재발견하게 한다는 점에서 깊은 감동을 준다.

■
배선희 시인님께

안녕하세요, 시인님. 저는 얼마 전 우연히 시인님의 시 "쉰 고개"를 읽고 마음 깊이 감동을 받은 독자입니다. 그 시를 읽고 난 후 제 마음에 잔잔히 머물고 있는 감정과 생각들을 전하고 싶어 이렇게 글을 씁니다.

시인님의 시를 읽으며 느낀 첫 감정은 깊은 공감이었습니다. "쉰 고개"라는 제목에서부터 이미 제 마음을 끌어당겼습니다. 쉰이라는 나이는 저에게도 하나의 전환점이었고, 시 속에서 그 나이를 맞아 겪는 감정의 소용돌이가 저의 이야기처럼 느껴졌습니다. 오십이라는 나이가 주는 무게감은 단순히 숫자의 의미를 넘어서, 삶의 길목에 서서 과거를 돌아보고, 현재를 음미하며, 남은 길을 생각하게 하는 시기인 것 같습니다.

특히, 시에서 묘사된 감정의 폭발적인 표현들이 저의 내면을 건드렸습니다. 저 또한 오랜 세월 동안 감추고 누르고 있었던 감정들이 어느 순간 무너져 내리듯 쏟아져 나오는 경험을 한 적이 있습니다. 그런 순간들은 예기치 않게 찾아오곤 하지만, 그때마다 내 안에 얼마나 많은 감정이 억눌려 있었는지를 새삼 깨닫게 되지요. 시인님은 그 감정의 복잡하고 미묘한 결들을 너무나도 아름답고 솔직하게 풀어내 주셨습니다.

"무지개로 뜨는 쉰 고개"라는 구절은 저에게 강한 위로로 다가왔습니다. 이 구절을 읽는 순간, 저는 고개를 끄덕이며 공감했습니다. 오십이라는 나이는 어쩌면 인생의 황혼기에 접어드는 시기로만 여겨질 수 있지만, 시인님의 시에서는 그 나이를 새로운 시작의 가능성으로, 더 많은 감정과 이야기가 피어날 수 있는 시기로 그려내고 있음을 느꼈습니다.

나이 듦이 꼭 쇠락이나 끝을 의미하는 것이 아니라, 오히려 더 깊이 있고 풍부한 삶의 경험을 안고 앞으로 나아갈 수 있는 기회임을 시인님의 시를 통해 깨달았습니다.

또한, 시를 읽는 동안 제 마음속에서 깊은 울림이 일어났습니다. 사랑, 그리움, 추억과 같은 감정들이 어떻게 우리의 삶을 지배하고, 때로는 억누를 수 없는 힘으로 솟구쳐 오르는지에 대해 다시 한 번 생각하게 되었습니다. 삶을 살아가며 우리 모두는 다양한 감정과 추억을 쌓아가지만, 오십이라는 시기는 그 모든 것이 한꺼번에 터져 나올 수 있는 시기인 듯합니다.

그 감정을 시인님께서 "폭포수"로 비유하셨을 때, 저는 그 강렬함과 동시에 아름다움을 느꼈습니다. 그렇게 분출된 감정들이 무지개가 되어 떠오르는 순간을 떠올리며, 저도 제 안에 쌓인 감정들을 더 잘 바라보고, 그들을 표현하는 데 두려워하지 말아야겠다고 다짐했습니다.

"돛단배라도 한 척 띄워야 할까나"라는 마지막 구절에서 저는 새로운 노정을 향한 시인의 의지를 보았습니다. 끝이 보이지 않는 호수와 먼바다는 저에게도 여전히 미지의 영역입니다. 하지만 그 미지의 바다를 향해 돛단배를 띄우는 시인의 결단은 저에게 큰 용기와 희망을 주었습니다. 앞으로 어떤 길이 펼쳐질지 알 수 없지만, 그 길 위에서 나의 감정과 기억을 품고 나아가는 것의 중요성을 깨닫게 되었습니다.

시인님의 시가 저에게 준 감동은 단순히 몇 마디 말로 표현하기 어렵습니다. 시를 읽는 동안, 저도 모르게 마음의 짐을 내려놓고 저 자신을 더 솔직하게 들여다볼 수 있었습니다. 이 글을 통해 저의 감동과 감사의 마음을 전해드리고 싶습니다. 시인님의 작품이 앞으로도 많은 사람들에게 위로와 용기를 줄 수 있기를 바랍니다. 저처럼 인생의 반환점에 서 있는 많은 이들이 시인님의 시를 통해 삶의 깊이와 아름다움을 재발견할 수 있기를 진심으로 바랍니다.■

전나무숲

언제부터인가
각자 발을 내리고 서서
별을 따보겠다며 발돋움해 대는 전나무들
퍼득거리는 산새를 몰아
철따라 산사음악
하늘에서 솜방망이 폭탄이 쏟아지면
서로 얼굴을 기대어 묻고
해님에게 곁눈질로 손길을 요청하다가
회오리바람이 나뭇가지를 흔들어주면
휴~머리를 살래살래 흔들어
덮인 눈을 털어내고 있네
햇빛처럼 눈발이 빗질하는 전나무숲

쪼르르 달려가는 다람쥐 따라
땅 깊이 묻어 놓았던 도토리 하나 캐내듯
한 감정 끄집어내어 까르르~~~~

보라!
자연이 자연스레 만들어 놓은 흔적들
어느 위인이 있어 이를 말리겠는가.
오대산 월정사 전나무숲은
오늘도 묵묵히 제 할 일을 하고 있네

문학평론가 청람 김왕식

배선희 시인은 자연을 사랑하고 그 속에서 인간과 자연의 조화로운 관계를 찾고자 하는 시인이다. 그녀의 작품은 대개 자연의 아름다움과 그 안에 담긴 철학적 의미를 탐구하는 데 중점을 둔다. 특히 전나무숲을 소재로 한 이번 시에서 시인은 자연이 스스로 만들어내는 장엄한 순간과 인간이 그것을 바라보는 경외감을 섬세하게 표현하고 있다.

그녀는 자연이 주는 순수하고 깨끗한 에너지와 그로 인해 생겨나는 마음의 평화를 작품에 녹여 내어 독자들에게 깊은 감동을 준다. 이 시는 그녀가 자연을 관찰하면서 느낀 감정과 사유가 고스란히 담겨 있는 작품으로, 시인의 삶 속에서 자연이 얼마나 중요한 위치를 차지하는지 여실히 보여준다.

첫 연에서는 전나무들이 "각자 발을 내리고 서서 별을 따보겠다며 발돋움해 대는" 모습이 그려진다. 여기서 전나무는 개체로서의 자아와 자연 속에서 각자의 자리를 지키는 존재로 비유되고 있다.

'발을 내리고 서서'라는 표현은 전나무들이 뿌리를 내리고 있는 모습을 묘사하는 동시에, 각자 자신의 역할과 위치를 지키며 살아가는 우리 인간의 모습과도 연결된다. '별을 따보겠다며'라는 표현은 전나무들이 하늘을 향해 자라는 생명력을 상징하며, 더 높이, 더 멀리 나아가고자 하는 인간의 꿈과 열망을 은유적으로 나타내고 있다.

이어지는 시구에서 "퍼득거리는 산새를 몰아 철따라 산사음악회를 열고 있네."라는 구절이 등장한다. 여기서 산새의 존재는 자연의 동적인 면을 나타내며, 철 따라 바뀌는 자연의 모습과 그 안에서 생겨나는 조화로운 소리를 표현한다. '산사음악회'는 자연 속에서 들려오는 다양한 소리들이 하나의 음악처럼 어우러지는 순간을 형상화한 것이다. 이는 자연과 인간, 동식물 모두가 어우러져 만들어내는 하모니를 상징하며, 그 속에서 평화와 아름다움을 찾고자 하는 시인의 의도를 엿볼 수 있다.

두 번째 연에서는 "하늘에서 솜방망이 폭탄이 쏟아지면"이라는 표현으로 눈이 내리는 광경을 비유적으로 묘사하고 있다. '솜방망이 폭탄'이라는 역설적 표현은 눈의 부드러움과 동시에 폭발적인 양을 표현하며, 자연의 강렬한 힘을 상징한다.
이러한 순간에 "서로 얼굴을 기대어 묻고"라는 구절은 전나무들이 서로 의지하며 그 순간을 견뎌내는 모습을 보여준다. 이는 인간이 자연의 거대한 힘 앞에서 느끼는 경외감과 연대감을 동시에 나타내는 부분이다.

이어 "해님에게 곁눈질로 손길을 요청하다가"라는 부분에서는 자연의 생명체들이 햇빛을 갈구하는 모습이 그려진다. 이는 생명에 대한 갈망과 자연의 질서 속에서 살아남고자 하는 강한 생명력을 의미하며, '곁눈질로'라는 표현을 통해 이러한 본능적 욕구가 다소 부끄럽고 조심스러운 모습으로 그려지고 있다.

세 번째 연에서는 햇빛 속에서 눈발이 흩날리는 모습과 다람쥐가 뛰어다니는 장면을 묘사하며, "땅 깊이 묻어 놓았던 도토리 하나 캐내듯 한 감정 끄집어 내어 까르르~~~~"라는 구절로 감정의 해방을 표현한다.

여기서 도토리는 감정이나 기억을 의미하며, 그것이 드러나는 순간의 기쁨과 해방감을 상징적으로 나타낸다. 이는 자연 속에서 억눌려 있던 감정들이 자유롭게 해방되는 순간을 시각화하며, 자연이 인간에게 주는 위로와 치유의 힘을 강조하고 있다.

마지막 연에서는 자연이 만들어낸 흔적들이 드러나며, "어느 위인이 있어 이를 말리겠는가"라는 구절로 인간의 힘으로는 자연의 섭리를 막을 수 없음을 암시한다. 이 구절은 자연의 위대함과 그 자체로서의 완전함을 드러내며, 인간의 개입이 무의미함을 설파한다. "오대산 월정사 전나무숲은 오늘도 묵묵히 제 할 일을 하고 있네"라는 마무리는 자연이 자신의 역할을 묵묵히 수행하며 그 자체로 완전함을 유지하는 모습을 보여준다.

요컨대, 배선희 시인은 자연과 인간의 관계를 깊이 있게 성찰하며, 자연이 지닌 고유의 아름다움과 그것이 인간에게 주는 치유와 위로의 힘을 담백하면서도 강렬하게 표현하고 있다. 그녀의 시는 자연에 대한 경외와 감사를 담아내며, 독자로 자연과의 조화로운 공존에 대해 다시금 생각하게 만든다. 그녀의 작품에서 돋보이는 감각적 이미지와 언어의 정교함은 시인의 독창적인 시선과 철학을 드러내며, 자연이 인간에게 주는 영감과 감동을 깊이 체감하게 한다.

■
배선희 시인님께,

안녕하세요. 저는 최근에 시인님의 시 '전나무숲'을 읽고 큰 감동을 받았던 독자입니다. 사실 저는 월정사 전나무 숲길을 여러 번 걸어본 적이 있습니다. 그 숲길을 걸을 때마다 나무들의 높고 푸른 자태와 청정한 공기에 마음이 정화되는 느낌을 받곤 했습니다. 하지만 솔직히 말씀드리자면, 그동안 그 숲을 지나치며 느꼈던 감정은 단순한 산책의 기분 좋은 여운 정도였던 것 같습니다. 깊은 사유나 특별한 감흥 없이 그저 '아, 좋구나' 하고 지나쳤던 제 자신이 부끄러워질 정도로요.

그러던 중 시인님의 '전나무숲'을 접하게 되었습니다. 그리고 제가 그동안 너무도 쉽게 지나쳐버렸던 전나무 숲의 진정한 아름다움과 의미를 깨닫게 되었습니다. 시인님은 전나무 숲이 지닌 깊이를, 그 속에 담긴 자연의 질서와 조화로운 움직임을, 그리고 그 안에서 소리 없이 흐르는 시간의 흐름을 시어로 풀어내셨습니다. 같은 숲을 보았지만, 시인님은 그 숲을 살아 숨 쉬는 존재로, 하나의 생명체로 바라보고 계셨다는 것을 느꼈습니다.

시인님의 시를 읽으며 마치 처음으로 월정사 전나무 숲을 다시 찾은 듯한 기분이 들었습니다. 전나무들이 별을 따기 위해 발돋움 하며 하늘을 향해 자라는 모습, 산새들이 노래하고 나뭇잎 사이로 스며드는 햇살의 따뜻한 손길, 눈송이들이 폭탄처럼 쏟아져 내려 전나무들이 그 무게를 견뎌내는 장면이 시어 하나하나에 생생히 그려졌습니다.
시인님의 시를 통해 숲은 단지 나무와 길, 그리고 몇 마리의 새가 있는 공간이 아닌, 하나의 큰 생명체로 느껴졌습니다. 자연이 가진 무한한 힘과 아름다움을 시어로 재현한 시인님의 통찰력에 깊은 감동을 받았습니다.

특히 시인님의 시에서는 자연이 단지 바라보는 대상이

아닌, 교감하고 소통할 수 있는 존재로 다가왔습니다. 전나무들이 서로에게 얼굴을 기대며 의지하는 모습, 햇빛을 갈구하는 나무들의 손짓, 바람에 나뭇가지가 흔들리며 털어내는 눈송이들...
모든 것이 마치 살아있는 생명체처럼 생생하게 느껴졌습니다. 저는 그 순간 비로소 자연과 교감하는 시인의 시선을 경험하게 되었습니다. 그동안 그 숲을 거닐며 바라보던 제 눈과 마음이 얼마나 얕고 단편적이었는지 깨닫게 되었습니다.

시인님의 시를 통해 자연을 바라보는 저의 시선에도 변화가 생겼습니다. 전나무 숲은 그저 걷기 좋은 산책로가 아니라, 생명이 살아 숨 쉬고 저마다의 이야기를 속삭이는 공간임을 알게 되었습니다. 나무 하나하나가 하늘을 향해 발돋움하며, 그 속에서 자신의 역할을 묵묵히 수행하는 모습을 떠올리면 저절로 숙연해집니다.
시인님이 시에서 표현하신 전나무 숲의 정적이면서도 역동적인 모습, 그 속에서 느껴지는 평화로움과 동시에 생명의 강렬함은 단순한 관찰을 넘어서 자연과 하나 되어 깊이 공감하는 시인의 시선이 만들어낸 것임을 느꼈습니다. 또한, 시를 읽으며 전나무 숲을 다시 찾고 싶다는 생각이 강하게 들었습니다. 시인님의 시를 가슴에 품고, 전나무 숲을 거닐며 이전에 놓쳤던 그 숲의 소리와 움직임, 빛과 어둠의 조화를 새롭게 느끼고 싶습니다. 그곳에 다시 서게 된다면, 그저 아름답다고 생각했던 전나무들이 이제는 각기 다른 이야기를 들려주고, 눈이 덮인 가지들이 서로에게 기댄다는 그 의미를 온전히 이해하게 될 것 같습니다.

시인님께서 시를 통해 전해주신 이 깨달음과 감동에 깊이 감사드립니다. 자연을 사랑하고 그 속에서 교감하며 살아가는 시인의 마음을 조금이나마 느낄 수 있었습니다. 시인님의 시는 단지 아름다운 자연을 묘사하는 것을 넘어, 우리가 자연과 어떻게 교감하고 그것을 어떻게 받아들여야 하는지에 대한 깊은 통찰을 제시해줍니다. 앞으로도 시인님의 시를 통해 많은 독자들이 자연을 다시 바라보고, 그 안에서 위로와 치유를 찾는 경험을 하게 되리라 믿습니다.

납월매 臘月梅

눈꽃이 부끼는 속에
시린 얼굴을 내미는 설중매는
음력 마지막 달인 납월에 피어 *납월매臘月梅라 한다.

매화梅花는 흐드러지게 피는 것보다
한 송이 한 송이 귀한 자태를 드러내며
애타게 다가옴이 백미白眉라더니,
납월매臘月梅는 엄동설한에 꽃을 피우려 드니
한 송이 한 송이 바깥 날씨를 가늠하면서
견딜만하면 앞서 나와 낯을 붉힌다.

혹한酷寒이 어찌 예만 있으랴!

인생살이 언마디를 풀 일인들 없으랴!
동면冬眠을 깨려는 이들, 눈시울마저 시립다.
적막강산이라 산도 절도 잠든 밤에
깨인 잠을 홀로 지새는 납월臘月 홍매에
언가슴 내려놓고 기대고 싶다.
아는지 모르는지 가냘픈 꽃송이를 흔들어
진한 향내음으로 감싸주는 납월매臘月梅!

납월매들이 손잡고 나와 환한 미소를 지면
벌들도 매화梅花 향에 취해 비틀거릴 만하리.

* 납월매臘月梅는
납월 즉, 음력 12월에 피는 꽃으로
납월매臘月梅는 붉은색을 피기 때문에
납월홍매라고 부른다
우리나라에는 174종류 매화 중 납월매臘月梅는
가장 먼저 피는 매화꽃이다

납월매는 한 송이씩 피는 것이 특징이다.
날씨가 따뜻해야 피니까
잠자던 벌도 향기 찾아
잠깐 외출한다.

— 시인의 말

■
문학평론가 청람 김왕식

배선희 시인은 자연을 향한 깊은 성찰과 관찰을 바탕으로 시를 통해 삶의 본질을 꿰뚫는 통찰을 드러낸다.
특히 '납월매臘月梅'에서 그녀는 혹독한 겨울을 견디고 피어나는 매화를 통해 역경 속에서 피어나는 아름다움과 인내를 노래하고 있다. 시인은 매화의 생명력을 통해 인간 존재의 가치를 묵묵히 담아내며, 추운 겨울의 끝자락에서 우리에게 희망과 끈기를 일깨운다.

시의 각 행은 자연의 미묘한 변화와 인간 내면의 감정이 얽힌 아름다운 서사로, 배선희 시인의 작품 세계는 단순한 자연의 찬양을 넘어 인간의 삶과 그 과정에 대한 깊은 통찰을 담고 있다.

"눈꽃이 나부끼는 속에 / 시린 얼굴을 내미는 설중매는 / 음력 마지막 달인 납월에 피어 납월매$_{臘月梅}$라 한다."
이 부분은 시의 도입부로, 눈 내리는 풍경 속에서 얼굴을 내미는 매화의 이미지를 그린다. '눈꽃'과 '시린 얼굴'이라는 표현을 통해 겨울의 차가움과 매화의 강인함을 대조시키며, 자연의 혹독함을 이겨내고 피어나는 매화의 생명력을 상징적으로 보여준다.
또한 '납월매$_{臘月梅}$'라는 명칭이 음력 마지막 달에 피는 매화를 의미하는 설명은 시의 주요 테마를 제시하며, 매화의 피어남이 단순한 꽃의 개화가 아닌 인생의 완성 혹은 정점으로 이어진다는 암시를 준다.

"매화는 흐드러지게 피는 것보다 / 한 송이 한 송이 귀한 자태를 드러내며 / 애타게 다가옴이 백미라더니,"

매화의 특성인 한 송이씩 피어나는 모습을 묘사한 이 구절은 매화의 미적 가치와 특별함을 강조한다. 흐드러지게 피는 꽃들 사이에서 독립적이고 개별적인 아름다움을 드러내는 매화는 시인이 추구하는 삶의 방식과도 일맥상통한다. '백미白眉'라는 표현은 매화가 가진 특별한 우수성을 드러내며, 작가는 매화를 통해 인생에서 소중한 것은 결코 대량으로 존재하지 않음을, 오히려 고독하게 존재하는 그 자체의 가치에 있음을 암시한다.

"납월매臘月梅는 엄동설한에 꽃을 피우려 드니 / 한 송이 한 송이 바깥 날씨를 가늠하면서 / 견딜만하면 앞서 나와 낯을 붉힌다."

혹독한 겨울을 배경으로 피어나는 납월매의 모습은 인내와 결단을 상징한다. '바깥 날씨를 가늠하면서'라는 표현은 매화가 환경을 신중하게 평가한 후에 비로소 피어난다는 점에서 자연의 지혜와 섬세함을 드러내며, 이는 곧 인간이 어려운 상황 속에서도 신중하게 대처해야 함을 상징적으로 나타낸다. 매화가 '낯을 붉힌다'는 표현은 꽃이 피는 순간의 기쁨과 아름다움을 은유적으로 그려낸다.

"혹한이 어찌 예만 있으랴! / 인생살이 언마디를 풀 일인들 없으랴!"

이 구절은 시인의 철학적 성찰이 담긴 부분이다. 자연의 혹한이 단지 외부에만 있는 것이 아니라 인간 삶 속에서도 존재한다는 것을 시인은 강조한다. 이는 매화가 피어나는 혹독한 겨울의 상황을 인간의 고통과 어려움에 빗대어 표현한 것으로, 인생에서의 고통도 결국 피어나기 위한 과정임을 말해준다. 여기서 시인은 매화의 인내와 강인함을 통해 인간의 삶에 대한 위로를 건넨다.

"동면을 깨려는 이들, 눈시울마저 시립다."
겨울잠에서 깨어나려는 동물들과 그 과정에서 느끼는 고통을 묘사하는 이 구절은 자연과 인간의 고통을 동일시한다. 시인의 섬세한 감정이 드러나는 이 부분은 매화가 피어나는 과정이 결코 단순하지 않음을, 고통과 희생이 따르는 과정임을 강조한다. 눈시울이 시린다는 표현은 겨울의 차가움 속에서도 강하게 피어나는 매화의 모습을 연상시키며, 인간이 겪는 고통 또한 이겨낼 수 있는 강인함을 지니고 있음을 은유한다.

"적막강산이라 산도 절도 잠든 밤에 / 깨인 잠을 홀로 지새는 납월 홍매에 / 언가슴 내려놓고 기대고 싶다."

매화가 피어나는 고요한 겨울밤의 정경을 그린 이 구절은 시적 화자의 고독한 감정을 담고 있다. 모두가 잠든 시간, 홀로 깨어 있는 매화는 화자의 내면적 갈등과 고독을 대변하며, 매화에 기대고 싶다는 표현은 자연을 통해 위로받고자 하는 인간의 본능적인 욕구를 나타낸다. 이는 매화가 단순히 자연 속의 존재가 아니라, 인간의 감정과 깊이 연관된 상징적 존재임을 드러낸다.

"아는지 모르는지 가냘픈 꽃송이를 흔들어 / 진한 향내음으로 감싸주는 납월매臘月梅!"

납월매가 가냘픈 꽃송이를 흔들어 향기로 감싸준다는 이 구절은 매화의 고결한 성품과 그로 인한 위로의 힘을 상징한다. 시인은 매화가 비록 연약해 보일지라도 그 속에 내재된 강인함과 아름다움을 높이 평가하며, 향기라는 비물질적인 요소를 통해 자연의 위로를 표현한다. 이는 자연과 인간이 서로 깊은 교감을 나누는 순간을 강조하는 대목으로, 매화의 존재가 단순한 꽃 이상의 의미를 지니고 있음을 시사한다.

"납월매들이 손잡고 나와 환한 미소를 지면 / 벌들도 매화 향에 취해 비틀거릴 만하리."

마지막 구절은 납월매들이 손을 잡고 웃는 모습을 상상하며 그 장면 속의 벌들마저 매화 향에 취하는 모습으로 마무리된다.
이는 매화의 아름다움이 자연 전체를 감싸고 영향을 미치는 순간을 시각적으로 묘사한 것이다. 매화의 향에 취한 벌들의 모습은 매화의 매혹적인 힘을 나타내며, 시인은 이를 통해 자연의 생명력이 타자에게도 감동을 준다는 메시지를 전달한다.

'납월매臘月梅'는 단순한 자연 시가 아닌, 혹한의 겨울 속에서도 인내하고 꽃을 피워내는 매화를 통해 삶의 본질적인 인내와 희망을 노래한 시이다.
시인은 매화를 통해 인생의 어려움 속에서도 피어나는 희망의 가치를 전하며, 매화의 고독하고도 귀한 자태가 곧 인생의 본질적인 아름다움임을 강조한다. 표현적으로는 매화의 개화를 겨울의 차가움과 대조시켜 섬세하게 묘사하고 있으며, 이미지적으로도 매화의 한 송이 한 송이 피어나는 모습을 통해 삶의 고유성과 그 가치를 드러낸다. 시인은 자연을 통해 인간의 삶을 투영하며, 그 과정에서 철학적 사유와 감성적 위로를 함께 전달하고 있다.

배선희 시인님께,

안녕하십니까?
저는 배선희 시인님의 시 '납월매臘月梅'를 읽고 큰 감동을 받은 한 독자입니다.
사실 저는 평소에도 매화를 사랑해왔지만, 시인님의 '납월매臘月梅'를 접한 이후로 제가 매화에 대해 가지고 있던 감정이 한층 더 깊어지고, 그동안 미처 깨닫지 못했던 매화의 새로운 의미를 발견하게 되었습니다. 이 편지를 통해 시인님께 저의 경외심을 담아 몇 마디 전하고자 합니다.

시인님께서 그려내신 매화의 모습은 단순한 자연의 경치를 넘어, 그 속에 담긴 인내와 고독, 그리고 아름다움까지 아우르는 생명력의 찬미라고 느꼈습니다. 눈보라 속에서도 당당히 얼굴을 내미는 설중매의 모습은 그 자체로 강인한 생명력을 상징하며, 인생의 가장 혹독한 순간에서도 피어나는 희망의 빛처럼 다가왔습니다. 매화가 혹한의 겨울을 견디며 피어나는 과정은 인간의 삶과 닮아 있음을 시인님께서 설중매의 모습에 담아내셨다는 점에서, 저는 시인님께 깊은 존경과 감사의 마음을 느낍니다.

'매화는 흐드러지게 피는 것보다 한 송이 한 송이 귀한 자태를 드러내며 애타게 다가옴이 백미라더니'라는 구절에서 저는 매화의 본질을 깨닫게 되었습니다. 대다수의 꽃들이 군락을 이루며 화려하게 피어나 사람들의 눈길을 사로잡는 반면, 매화는 그 속도와 방식이 다릅니다. 하나의 꽃이 피기까지 오랜 시간이 걸리며, 한 송이 한 송이가 각자의 자리에서 그 고유의 아름다움을 드러냅니다.
이는 곧 매화가 우리에게 가르쳐주는 중요한 삶의 교훈처럼 다가옵니다. 화려하고 빠르게 이루어지는 성공보다는, 한 걸음 한 걸음 자신만의 길을 걷는 것이 진정한 아름다움이라는 메시지를 저는 시인님의 시를 통해 배우게 되었습니다.

또한, '납월매는 엄동설한에 꽃을 피우려 드니 한 송이 한 송이 바깥 날씨를 가늠하면서 견딜만하면 앞서 나와 낯을 붉힌다'는 구절은 매화의 고요한 용기와 신중함을 보여줍니다. 매화는 날씨를 가늠하며 자신이 피어날 때를 기다립니다. 이처럼 매화는 자신의 순간을 알고 있습니다.

저 또한 이 구절을 읽으며 인생에서 중요한 결정을 내릴 때, 자신의 때를 알고 기다릴 줄 아는 지혜가 얼마나 중요한지를 깊이 느끼게 되었습니다. 시인님께서는 매화의 섬세함을 통해 우리에게 삶의 본질적인 지혜를 전달해주셨습니다.

'혹한이 어찌 여기만 있으랴! 인생살이 언 마디를 풀 일인들 없으랴!'라는 시구에서는 시인님의 깊은 통찰력이 느껴졌습니다. 자연의 혹한을 인간 삶의 고난에 비유하시며, 매화가 피어나는 것처럼 우리 역시 고통 속에서도 꽃을 피워야 한다는 메시지가 저에게는 큰 위로로 다가왔습니다. 인간은 누구나 고통과 시련을 겪습니다. 그러나 그 시련 속에서도 우리는 인내와 강인함으로 꽃을 피울 수 있다는 사실을, 시인님께서는 매화를 통해 우리에게 일깨워주셨습니다. 시인의 이러한 통찰은 단순한 자연 시를 넘어 인간 존재의 근원적 의미를 탐구하는 철학적 사유로 확장됩니다.

납월매가 밤의 고요 속에서 홀로 피어나는 장면을 묘사한 구절은 참으로 인상 깊었습니다. 모두가 잠든 밤, 고독하게 피어나는 매화의 모습은 인간 내면의 고독과 겹쳐져, 더없이 깊고 고요한 감정을 불러일으킵니다. 이처럼 시인님의 시는 자연의 아름다움을 묘사하는 데 그치지 않고, 인간의 감정과 경험을 투영함으로써 우리의 마음을 움직이게 합니다.

저 역시 삶의 많은 순간들 속에서 혼자만의 시간과 고독을 경험한 적이 있는데, 그때마다 매화처럼 자신을 믿고 인내하며 살아가야겠다는 생각을 하게 됩니다. 시인님께서는 자연을 통해 우리에게 중요한 삶의 지혜를 끊임없이 전하고 계십니다.

특히 매화의 향기에 취한 벌들의 모습을 묘사한 마지막 구절에서는 매화의 향기와 아름다움이 주변 생명들에게까지 영향을 미치는 모습을 상상할 수 있었습니다. 이는 자연이 서로 유기적으로 연결되어 있음을 상징하며, 나아가 인간 사회에서도 우리의 행동과 마음이 주변 사람들에게 어떤 영향을 미칠 수 있는지에 대해 생각하게 만듭니다.

시인님께서 매화를 통해 보여주신 자연의 조화로움과 그 속에서 피어나는 생명력은 인간과 자연의 상호작용을 더 깊이 이해하게 만들어 주셨습니다. 시인님의 '납월매'는 매화라는 작은 꽃을 통해 삶의 본질을 탐구하고, 자연과 인간의 깊은 교감을 노래하는 작품입니다.
저는 이 시를 읽으며 시인님이 가진 자연에 대한 깊은 사랑과, 그 속에서 인간 삶의 의미를 발견하려는 탐구 정신에 경외감을 느꼈습니다.

또한 시인님께서 표현하신 매화의 모습은 그 자체로 예술이자 철학이었으며, 한 송이 꽃이 피어나는 과정을 통해 인간이 겪는 고통과 그 속에서 발견할 수 있는 희망의 메시지를 전달해주셨습니다.

마지막으로, 배선희 시인님의 '납월매'를 통해 저는 매화를 더 깊이 사랑하게 되었고, 그 속에 담긴 생명력과 지혜를 깨닫게 되었습니다. 앞으로도 시인님의 시 속에서 자연과 인간의 삶에 대한 통찰을 더 많이 배우고 싶습니다. 시인님께서 앞으로도 아름다운 시를 통해 우리에게 많은 영감을 주시기를 진심으로 바랍니다.

헌정시

시인 청련화 배선희

정다운 시인

청련화 배선희 시인은 같은 시인 문우로, 글쓰는 방법이니 목적 등에 대해 조율할 필요도 없고, 삶의 표현에 간격이 없어 좋다.
그의 순발력과 재치가 매우 빨라 놀랍고. 시심과 시작이 간결하면서도 깊은 사유력을 담아 다듬어진 인품이 엿보인다.

청련화는 같은 불자인 법우로, 불교대학을 통해 논리적으로 진리를 터득하고, 다양한 생활을 통해 마음을 비워 열반락을 아는 세계관이며 법계관이 같아 옛도반을 만난 듯 반갑다. 특히 조사선에도 관심이 있어 말동무가 생겼다.

배선희 작가는 민족사상과 애국정신이 있는 동지로, 삶의 이유를 조국의 빼어난 정신문화를 계승하여 세계와 더불어 살아가려 함이, 마치 내 분신을 보는 듯하여 경이롭기까지 하다. 누가 시키지 않아도 앞서니 자랑스러운 일이 아닐 수 없다.

페이지 배선희는 남을 배려하는 봉사정신이 아름답다. 선행을 앞세우는 모습이 보살도를 실천하는 원행력이니, 부처님께서 들어올리신 청련화로 염화미소를 짓게 하여, 깨달음에 이르게 하는 각연명사로서 그의 언행에 손색이 없다.

나는 고명친구를 만났으니 그저 감사할 뿐이다. 내가 몇 가지 일에 몰두하다 허리를 펴고 보니, 이미 늙어 유통기한이 얼마 남지 않았는데, 한두 가지

연장하는 장수비결을 터득한 듯하여, 호롱불에 마지막 기름을 붓는다.

* 정다운 시인

1972~77년에 한국일보 신춘문예 당선한 시인으로, '옷을 벗지 못하는 사람들', '소설 정감록'. '인생12진법' 등 많은 저서를 남겼다. 김수환 추기경 . 한경직 목사 · 박삼중 스님 등과 함께 한국십대종교 지도자로 선정되어 민족정신 선양에 앞장섰다.

■
문학평론가 청람 김왕식

정다운 시인(스님)은 시인 배선희를 같은 시인으로서, 또 같은 불자 법우로서 높이 평가하고 있다. 배선희 시인의 글은 간결하면서도 깊은 사유를 담고 있어 그의 인품이 엿보인다고 한다. 배 시인은 불교대학에서 진리를 터득하고 다양한 삶의 경험을 통해 마음을 비우고 열반의 세계관을 이해하는 동반자적 인물로 묘사된다. 특히 선(禪)에 대한 관심을 공유하며 대화가 잘 통한다고 언급한다.

배선희 작가는 또한 민족사상과 애국정신을 가진 사람으로, 조국의 정신 문화를 계승하고 세계와 함께 살아가려는 그의 태도를 통해 정다운 스님은 마치 자신의 분신을 보는 듯한 경이로움을 느낀다고 한다. 이는 누가

시키지 않아도 앞장서서 행동하는 자랑스러운 모습이라고 말한다.

배선희 시인은 타인을 배려하는 봉사정신이 뛰어나며, 그 행위가 보살도를 실천하는 모습과 같다고 평가된다. 정다운 시인께서는 그를 부처님이 들어올리신 '청련화'와 같다고 표현하며, 깨달음에 이르게 하는 각연명사로서 그의 언행이 모자람이 없다고 칭찬한다.

정다운 시인님은 이런 배선희 시인을 만난 것을 고맙게 생각하며, 스스로도 몇 가지 일에 몰두하다 보니 나이가 들어감을 느낀다고 고백한다. 하지만 배 시인을 통해 마치 인생을 연장하는 장수 비결을 터득한 듯, 마지막 남은 인생을 더욱 가치 있게 살겠다는 의지를 드러낸다.

정다운 시인님은 스님으로서, 또 종교 지도자로서 배선희 시인의 인품과 삶을 진심으로 존경하며, 이를 통해 자신의 삶도 성찰하게 되는 고명한 친구로 여긴다.

■
정다운 시인님과 배선희 시인님께,

안녕하십니까. 귀한 두 분의 글과 그 안에 담긴 따뜻한 마음을 읽고 이렇게 펜을 들게 되었습니다. 정다운 시인님께서 쓰신 글을 통해 배선희 시인님과의 인연과 그 깊은 교감을 나누신 이야기에 깊은 감동을 받았습니다. 스님의 글에는 시인 배선희님에 대한 진정한 존경과 우정이 묻어나며, 두 분의 사유와 철학이 서로 맞닿아 공명하는 느낌을 받았습니다.

배선희 시인님은 정다운 시인님의 표현대로, 세상을 향한 따뜻한 마음과 깊은 사유로 사람들의 마음에 울림을 주는 분이라는 것을 알게 되었습니다. 특히, 민족정신과 애국정신을 바탕으로 조국의 문화를 이어가려는 그 열정과 신념은 매우 인상적이었습니다. 오늘날 개인주의와 물질주의가 만연한 시대에 이렇게 묵묵히 자신의 길을 걸어가는 분이 계신다는 사실이 저를 깊은 감동에 빠뜨렸습니다.

또한 정다운 시인님께서 배 시인님을 '청련화'에 비유하신 부분이 특히 마음에 남습니다. 부처님께서 청련화를 들며 설법하셨던 그 미소처럼, 배선희 시인님의 행보와 글이 사람들에게 그런 깨달음과 미소를 전하고 있음을 느낍니다. 시인님이 지닌 봉사정신과 남을 배려하는 마음은 세상을 더 나은 곳으로 만들려는 원행력이라는 말씀에 절로 고개가 끄덕여졌습니다. 저 역시 그런 길을 함께 걷고 싶은 마음이 생겼습니다.

정다운 시인(스님)께서는 시인의 길뿐만 아니라 종교 지도자로서도 한결같이 사람들의 마음을 밝혀 오신 분임을 이번 글을 통해 다시금 느낄 수 있었습니다. 정다운 시인의 글에서는 배 시인님에 대한 진심 어린 존경과 애정이 느껴지며, 그 안에 담긴 시인의 품격과 깊은 사유가 어우러져 매우 감동적이었습니다. 특히, 정다운 시인님께서 '고명한 친구'라며 배 시인님을 만나게 된 것을 감사하게 여기는 부분에서 두 분의 인연이 얼마나 귀한지 알 수 있었습니다.

두 분의 인연은 단순히 글을 통해 맺어진 것이 아니라, 서로의 세계관과 가치를 공유하고 공감하며 더욱 깊이 연결된 것이라 느껴집니다. 그러기에 두 시인님이 서로를 바라보는 눈길이 남다르고, 그 속에 담긴 진심이 글로써도 고스란히 전해지는 것 같습니다. 세상을 살아가며 이런 귀한 인연을 만난다는 것이 얼마나 큰 축복인지, 두 분의 글을 읽으며 다시금 생각하게 되었습니다.

정다운 시인님과 배선희 시인님, 두 분의 교감 속에서 저는 많은 것을 배웠습니다. 서로를 진심으로 존중하고 귀하게 여기는 마음, 그리고 그것을 글로 표현해내는 능력은 참으로 아름답고도 귀하다고 느낍니다. 저도 두 분의 글을 읽으며 삶의 방향을 다시 한 번 되돌아보게 되었고, 앞으로의 길을 걸어가는 데 있어 많은 용기와 힘을 얻게 되었습니다.

정다운 시인님께서 말씀하신 '호롱불에 마지막 기름을 붓는' 심정으로 남은 생을 살아가려는 마음가짐도 큰 울림을 주었습니다. 나이가 들면서 지혜와 경륜이 쌓이는 것은 물론, 한편으로는 세상의 진정한 가치를 더 깊이 깨닫게 되는 시기라는 생각이 듭니다. 두 분의 글 속에서 그러한 깨달음의 조화를 보며, 저 또한 내 삶을 좀 더 의미 있게, 그리고 남을 위하는 삶으로 채워가고자 다짐해 봅니다.

마지막으로, 이렇게 귀한 인연을 나누시고 함께하는 두 분께 진심 어린 감사와 존경을 표하며 이 글을 마칩니다. 두 분께서 앞으로도 건강하게 오래도록 글로, 혹은 마음으로 많은 이들에게 귀감이 되어 주시길 바랍니다. 여러분의 글과 사유는 그 자체로 빛이 되어 세상에 퍼지고 있으니, 그 빛이 꺼지지 않도록 저 또한 마음속으로 응원하겠습니다.

건봉사 송덕비

천년의 건봉사는 달빛에 아득하고
망실토지 환수의 배청연화(裵靑蓮花)

엄창섭 교수

금강산 건봉사(乾鳳寺)의 허리 휘감은 물안개
아흐, 만상은 한 폭(幅)의 무채색 수묵화다.
백두대간 뻗어내린 산자락 그 천년의 고찰
'아도화상이 창건하여 영불 만일회를 개최하고
7년 전쟁 당시 사명대사가 승병을 일으킨 호국 도량,
일제강점기 봉명학교가 건립된 선교 양종의 본산'

역사자료 찾기 디딤돌 마련하여 환수경비 쏟아붓고

놀라워라. 우주의 신비함에 깊이 잠긴 대가람은
저토록 적조(寂照)한 월광에 꿈인 듯 처연하다.
사법계와 잇닿은 자비의 불화 피워낸 삶의 교시에
촉촉이 비에 젖어 선명하게 빛나는 연초록 산하

청송(靑松)의 산자락에 탯줄 묻었으나 허명 멀리하고
지구촌을 넘나드는 '길 위의 시인'으로 <세조실록>과
만해(萬海)의 <건봉사 본말사지기>를 펼쳐 들고
그렇게 목숨 걸다 끝내 망실한 7백만 평 찾아내어
건봉사 복원의 불사(佛事) 위해 심혈 쏟은 보살,
고독한 번뇌 끝의 만덕을 쌓은 화엄(華嚴)이다.

지난 1997년 '법인 봉명합명회사' 대표직에 올라
통분 삼키고 힘겹게 토지환수작업 주도하며
'평상심이 불도임'을 체득한 법열은 비장하다.
견성성불(見性成佛)의 극명한 정중동의 전율로
종단의 도움 일절 경계한 청연화의 공덕비!,

깊은 밤의 몽환처럼 존재의 꽃 또 피워놓고
삼라만상의 묘법과 법문 기호화한 깨달음(覺)
8백 년 그 목어(木魚)의 음조에 풀꽃 선잠을 깨다.

■
문학평론가 청람 김왕식

엄창섭 교수의 글은 배선희 시인의 금강산 건봉사 토지 환수 작업과 그의 무조건적인 기부 행위를 찬양하는 내용을 담고 있다. 이 시는 배선희 시인이 건봉사의 역사적 가치를 복원하고 보존하기 위해 개인적으로 투자한 노력과 헌신을 서정적으로 기리고 있다.

엄창섭 교수는 이 시를 통해 금강산 건봉사의 역사적 배경과 지리적 특성을 아름다운 언어로 묘사한다. 시의 내용을 통해 건봉사가 겪은 역경-조선 시대의 7년 전쟁 동안의 호국 도량, 일제 강점기에 봉명학교가 세워진 점 등을 언급하며, 이러한 사건들이 한국 불교사에 있어 중요한 역할을 했음을 강조한다. 특히, 배선희 시인의 환수 노력은 건봉사가 오랜 시간 동안 겪은 명암을 조명하고, 그 가치를 현대에 되살리려는 시도로 해석될 수 있다.

문학적으로 시는 고찰古刹의 정취를 수묵화로 비유하며, 고요하고 차분한 이미지로 독자의 마음에 선명하게 그려진다. 이러한 비유는 동양적 미학과 깊은 선(禪)의 정신을 효과적으로 전달하며, 시인이 품은 역사적 사명감과 예술적 감성을 동시에 나타낸다.

시에서 언급된 '법인 봉명합명회사'의 대표로서 배선희 시인의 역할은 단순한 토지 환수를 넘어서, 분단된 국가에서 불교적 자비와 깨달음을 통한 사회적 화합의 길을 모색하는 것으로 해석된다. 그녀의 행동은 물질적 가치를 초월한 정신적, 영적 가치의 실현을 추구하는 것으로 보여, 시대적 분단의 아픔을 치유하는 데 일조할 수 있다는 점에서 더욱 의미가 깊다.

시에 나타난 '평상심이 불도임'이라는 교훈은 모든 행위가 깨달음으로 이어질 수 있다는 불교적 원리를 담고 있으며, 배선희 시인의 불사가 단순한 물리적 행위를 넘어서 깊은 영적 실천이 될 수 있음을 시사한다.

결론적으로, 이 시는 불교적 가치와 한국 문화의 중요한 부분을 아름답고 풍부한 언어로 포착하여, 현대 독자에게 영감을 제공하며, 분단된 한국에서의 화합과 치유의 가능성을 탐구하는 데 기여하고 있다. 엄창섭 교수의 시는 배선희 시인의 실천적 불교정신을 기리는 한편, 한국 문화와 역사에 대한 깊은사랑과 이해를 담아내는 데 성공하고 있다. 시는 현대 사회에서 간과하기 쉬운 정신적, 문화적 가치들을 재조명하고, 개인이 사회와 역사에 끼칠 수 있는 영향력을 시적으로 표현함으로써 독자에게 깊은 감동을 주고 있다.

엄창섭 교수는 배선희 시인의 행적을 통해 불교의 교훈을 현대적 문맥에 적용하고자 한다. 시인이 토지를 환수하고 그 지분을 조건 없이 기부하는 행위는 불교의 자비와 이타심을 구현하는 것뿐만 아니라, 한 개인이 사회와 역사에 긍정적인 변화를 가져올 수 있음을 보여준다. 이러한 기부는 단순한 재산 이전을 넘어서, 사회적인 의미를 갖고 한반도의 분단된 현실 속에서도 불교적 원리가 현대 사회에 어떻게 적용될 수 있는지를 시사한다.

문학적으로는 시가 운율과 이미지를 통해 이야기를 전달하는 방식이 특히 주목할 만하다. 고요하고 몽환적인 풍경 묘사는 독자에게 시적 경험을 제공하며, 이는 건봉사가 가진 역사적 고증을 넘어서 그곳이 지닌 영적 가치를 상징적으로 나타낸다. 시에서 사용된 자연 이미지와 불교 용어는 서로 어우러져, 건봉사의 자연적, 문화적, 영적 중요성을 강조하며, 이는 한국의 자연과 문화가 어떻게 깊은 연관성을 맺고 있는지를 드러낸다.

엄창섭 교수의 글은 또한 깊은 역사적 맥락을 제공하며, 배선희 시인의 행위를 단순한 현대적 사건으로만 보지 않고, 한국 불교 역사와의 연결 고리 속에서 평가한다. 이러한 접근은 독자에게 배선희 시인의 기부가 단순한 자선 행위를 넘어서, 역사적인 장소를 보전하고, 문화적 정체성을 재확인하는 중대한 행동임을 인식하게 한다.

요컨대, 엄창섭 교수의 시는 배선희 시인의 희생과 헌신을 높이 평가하며, 그녀의 행위를 통해 불교적 가치와 한국의 문화적 유산을 현대에 어떻게 전달하고 보존할 수 있는지를 탐색하는 데 중요한 문학적 기여를 하고 있다. 이 시는 분단된 한국 사회에서 더 큰 통합과 치유를 모색하는 데 있어 시적 영감과 교훈을 제공하는 예술작품으로서의 가치를 가진다.

■
엄창섭 교수님과 배선희 시인님께,

두 분의 이야기를 접하고 깊은 감동과 감사의 마음을 담아 글을 씁니다. 엄창섭 교수님의 글은 배선희 시인님의 숭고한 행적을 통해 현대 사회에서 쉽게 잊히기 쉬운 가치들을 다시금 상기시켜주었습니다. 두 분의 이야기는 단순한 역사적 사실의 기록을 넘어서, 그 속에 담긴 깊은 철학과 정신을 우리에게 전해주고 있습니다.

배선희 시인님께서는 금강산 건봉사의 토지 환수를 위해 많은 시간과 노력을 아끼지 않으셨고, 그 과정에서 보여주신 헌신과 결단은 그저 경외롭기만 합니다. 건봉사가 지닌 역사적, 문화적 가치를 되살리기 위해 자신의 모든 것을 걸고 투신하신 배선희 시인님의 이야기는 많은 이들에게 깊은 울림을 주기에 충분합니다. 시인님의 행위는 단순히 토지를 환수하고 기부하는 것을 넘어, 우리 사회에 진정한 자비와 이타심을 실현하는 실천적 불교정신을 보여주고 있습니다. 이러한 결단과 헌신이 얼마나 귀하고 가치 있는 것인지를 가르쳐 주셔서 감사합니다.

엄창섭 교수님께서 그려내신 글을 통해 느껴지는 것은, 단순히 과거의 이야기나 한 사람의 행적에 대한 기록이 아닙니다. 그것은 우리 모두가 함께 나아가야 할 방향을 제시하는 귀중한 지침서와도 같았습니다. 교수님은 배선희 시인님의 이야기를 통해 현대 사회에서 우리가 잃어가고 있는 중요한 가치를 다시금 깨닫게 해주셨습니다. 교수님의 글은 독자의 가슴에 강하게 파고들어, 우리에게 주어진 소명을 다시금 일깨워줍니다. 그것은 단순한 칭송이 아니라, 우리가 어떻게 살아가야 할지에 대한 깊은 고민과 반성을 요구하는 메시지입니다.

두 분의 이야기는 오늘날 우리가 살아가는 세상에 필요한 것이 무엇인지 생각하게 만듭니다. 배선희 시인님께서 보여주신 실천은 말보다 행동이 더 중요하다는 것을,

그리고 그 행동이야말로 진정한 변화의 시작임을 가르쳐줍니다. 엄창섭 교수님의 글은 그 행동의 의미를 보다 깊이 있게 조명하며, 이를 통해 독자들에게 큰 영감을 줍니다. 두 분의 행적은 한국의 문화와 역사를 넘어, 이 시대를 살아가는 모든 사람들에게 귀중한 교훈이 될 것입니다.

저는 이 글을 읽으며, 우리가 살아가는 세상 속에서 진정한 가치를 지키기 위해 어떤 노력을 기울여야 하는지 다시금 생각하게 되었습니다. 특히, 건봉사와 같은 역사적 유산을 보존하고 그 가치를 이어가는 일은 우리 모두의 책임이라는 생각이 들었습니다. 배선희 시인님께서 보여주신 그 헌신은 단순히 개인의 노력으로만 끝나는 것이 아니라, 우리 사회에 깊은 공감을 불러일으키고 더 나은 세상을 만드는 데 기여할 수 있는 귀중한 실천이었습니다.

두 분의 글과 행적은 우리 모두가 본받아야 할 귀중한 가치와 교훈을 담고 있습니다. 그것은 세속적 가치에 휘

둘리지 않고, 진정한 인간성과 자비, 그리고 연민을 지향하는 삶의 방식입니다. 배선희 시인님의 실천적 행위와 엄창섭 교수님의 깊이 있는 통찰은 이 시대에 진정 필요한 영감을 주며, 우리 모두에게 중요한 방향을 제시해주고 있습니다.

이 편지를 통해, 두 분께 진심 어린 감사와 존경의 마음을 전하고 싶습니다. 두 분의 여정이 앞으로도 많은 이들에게 큰 힘과 영감을 줄 것이라고 믿습니다. 앞으로도 두 분의 길이 늘 평안하고 빛나기를 진심으로 기원합니다. 두 분께서 보여주신 그 선한 영향력과 헌신이 우리 모두에게 더 큰 깨달음과 희망을 줄 것이라 확신합니다.

페이지 배선희 시인이 그립다.

우보 정천모

길이 있어
길을 간다
일생을 길을 간다해도
끝나지 않는 길이다

바람과 구름과
함께 길을 간다
길 위에는 나를
반기는 꽃이
지천에 피어나
향내를 풍기고

나비를 부른다

길 위에 선 여자
어릴적 지구본을 보며
떠난 길 위에서
지혜를 배우고
사람의 향내를 맡는다

나와의 작은
인연은 상관이
없는 듯 하다
나에게 남은것은
긴 기다림과 그리움이다

오랫동안 서랍속에 깊히
간직 해뒀던
흑백 사진이 돼버렸다
누구도 따라 할 수 없는

페이지의 사색과 은둔은
노래와 신화가 되어간다

사람과 꽃을 만나는 일이
운명이 돼버린 여자
여리고 안온하고
순한 들이
세상을 만든다

길 위에서 만나는
세상 이야기
페이지의 세상만사

스스로 꽃이 되어 상을
꽃밭으로 만드는 여자
세상의 소소한
이야기를 듣기 위해
인연의 길을 떠나는 여자

결코 끝나지 않을
그녀의 길
페이지의 세상만사
영원한 그 길

문학평론가 청람 김왕식

배선희 시인의 삶과 시를 이해하려면 그녀의 작품 속에서 드러나는 시적 자아와 현실적 삶의 연결고리를 탐구할 필요가 있다. 배선희 시인은 자연과 인간, 그리고 삶에 대한 깊은 통찰을 통해 시를 창작해왔으며, 이는 그녀의 개인적 경험과 철학이 녹아 있는 결과물이다. 특히, 그녀의 시에서는 인생의 길 위에서 만나는 다양한 경험과 감정들이 유려한 언어로 표현되며, 이는 독자들에게 깊은 감동을 전한다. 배선희 시인의 작품 세계는 단순한 감정의 표출을 넘어, 인생에 대한 성찰과 인간 존재의 본질에 대한 탐구로 이어진다.

이 글은 그러한 배선희 시인의 작품을 30년간 흠모해온 '우보 정천모' 시인의 헌정시로서, 그녀의 시세계와 삶을 반추하는 내용을 담고 있다.

시의 첫 번째 행 "길이 있어 길을 간다"는 인생의 여정을 상징한다. 이는 단순히 물리적인 길이 아니라, 인간이 살아가면서 겪게 되는 다양한 경험과 선택의 연속을 의미한다. 시인은 길을 가는 것이 인생 그 자체임을 강조하며, 그 길이 끝나지 않는다는 표현을 통해 인생의 무한한 가능성과 도전을 암시한다. 여기서 길은 단순히 목적지를 향한 여정이 아닌, 삶을 살아가는 과정 자체에 방점을 찍고 있다.

"바람과 구름과 함께 길을 간다"에서는 자연과 함께하는 인생의 모습을 그려내고 있다. 바람과 구름은 시적인 이미지로서, 시인의 여정이 자연과 더불어 이루어짐을 상징한다. 이는 배선희 시인의 작품에서 자주 등장하는 자연과의 교감, 그리고 자연 속에서 얻는 깨달음을 반영하고 있다. 이 부분은 인간이 자연과 조화롭게 살아가는 것이 중요하다는 시인의 철학을 드러낸다.

"길 위에 선 여자"는 시적 자아의 구체적인 모습을 드러내는 구절이다. 어릴 적 지구본을 보며 떠난 길은 단순한 여행이 아닌, 세상에 대한 탐구와 인간에 대한 이해의 여정이다. 이 구절은 시인이 길 위에서 얻은 지혜와 경험이 결국 인간적인 향내, 즉 인간다움으로 이어짐을 상징한다. 여기서 지구본은 시인의 호기심과 탐구심을 나타내며, 길 위에서의 배움은 시인이 삶을 대하는 태도를 반영한다.

"나와의 작은 인연은 상관이 없는 듯하다"라는 구절에서는 시인의 삶에서 개인적인 인연이 큰 의미를 가지지 않는다는 점을 암시하고 있다. 이는 시인이 삶을 바라보는 관점이 개인적인 관계보다는 더 넓은 차원, 즉 인류 전체 또는 자연과의 관계에 초점을 맞추고 있음을 나타낸다. 이로 인해 남은 것은 기다림과 그리움이라는 표현은 인생의 여정 속에서 느끼는 고독과 내면적 성찰을 담고 있다.

"오랫동안 서랍속에 깊이 간직 해뒀던 흑백 사진이 돼버렸다"라는 구절에서는 시간의 흐름과 기억의 변화를 시적으로 표현하고 있다. 흑백 사진은 과거의 기억이나 지나간 시간을 상징하며, 이는 시인의 과거 회상과 그리움을 드러낸다. 이러한 표현은 삶에서 지나간 시간에 대해 애잔함과 현재의 자기 성찰을 나타내며, 이는 배선희 시인의 시세계에서 중요한 주제 중 하나이다.

"누구도 따라 할 수 없는 페이지의 사색과 은둔은 노래와 신화가 되어간다"는 구절에서는 배선희 시인의 독창적인 사유와 삶의 방식을 높이 평가하고 있다. 그녀의 사색과 은둔은 단순한 고립이 아닌, 깊은 내면의 성찰을 통한 창작의 원천임을 강조한다. 이는 시인이 일상에서 벗어나 자신의 세계를 구축하며, 그 결과로써 작품이 노래와 신화로 승화된다는 의미를 담고 있다.

"사람과 꽃을 만나는 일이 운명 이 돼버린 여자"라는 표현에서는 시인이 자연과 인간 사이에서 균형을 찾고, 그 안에서 자신만의 길을 걸어가고 있음을 나타낸다. 배선희 시인의 시에서 사람과 꽃은 자주 등장하는 상징으로, 이는 시인이 자연과 인간을 하나로 연결하는 중재자의 역할을 하고 있음을 시사한다.

"스스로 꽃이 되어 세상을 꽃밭으로 만드는 여자"는 배선희 시인의 창조적 힘과 영향력을 상징적으로 표현한 구절이다. 그녀는 단순히 자연을 관찰하는 것을 넘어서, 자신의 존재 자체를 통해 세상을 아름답게 변화시키고 있음을 보여준다. 이는 시인의 창작활동이 단순한 글쓰기에 그치지 않고, 세상에 긍정적인 영향을 미치는 중요한 역할을 하고 있음을 의미한다.

마지막으로 "절대로 끝나지 않을 그녀의 길"에서는 배선희 시인의 여정이 끝나지 않음을 강조하며, 이는 시인이 끊임없이 삶과 자연, 그리고 인간에 관해 탐구하고 사유하는 존재임을 나타낸다. 시의 마지막에서 "영원한 그 길"이라고 표현한 것은 배선희 시인의 문학적, 철학적 여정이 끊임없이 지속할 것임을 암시하며, 그녀의 시세계가 영원히 이어질 것임을 예견하고 있다.

이 시는 배선희 시인을 30여 년 존경하고 사랑해온 시인의 헌정시로서, 그녀의 시세계와 삶을 깊이 이해하고 있다. 시인은 배선희 시인의 사색과 은둔, 그리고 자연과의 교감을 통해 그녀가 만들어가는 세상과 시세계에 대한 깊은 존경을 표현하고 있다. 이러한 헌정시는 단순한 찬사가 아닌, 배선희 시인의 문학적 업적과 삶의 가치를 재조명하고, 그 길이 앞으로도 계속될 것임을 예견하는 동시에, 독자들에게도 그녀의 작품을 통한 깊은 성찰과 감동을 선사하고 있다.■

■
정천모 시인님께

당신의 시를 접하고 나서 참으로 오랫동안 마음이 흔들렸습니다. 시 속에서 보여주신 배선희 시인에 대한 사랑은 단순한 애정의 표현을 넘어서, 마치 시간이 멈춘 듯한 순수한 감정과 깊은 존경의 결합체로 다가왔습니다.

그 사랑의 깊이와 순수함에 감동을 넘어, 경외심마저 느끼게 된 것은, 제가 살아가면서 보지 못했던, 어쩌면 잊고 있었던 진정한 사랑의 모습을 마주했기 때문일 것입니다.

30여 년이라는 시간 동안 한결같이 한 사람을 흠모하고, 그리워하고, 존경할 수 있다는 것은 참으로 경이로운 일입니다. 세월이 흘러도 변치 않는 그 사랑이, 마치 시간이 흐를수록 더 깊어지는 와인처럼 저의 마음속에 진한 향과 깊이를 남겼습니다. 시간이 흐르면서도 잊히지 않고 오히려 더욱 강해지는 그 사랑을 통해, 시인님께서 느꼈을 그리움과 존경, 그리고 기다림의 무게를 헤아려보게 되었습니다.

시인님이 표현하신 사랑은 단순한 감정의 발현이 아닌, 삶 전체를 관통하는 거대한 힘이었음을 알게 되었습니다. 배선희 시인을 자연의 일부로 받아들이고, 그녀의 존재 자체를 시적 영감으로 삼으신 모습은 참으로 경건하기까지 했습니다.

이런 사랑은 흔히 말하는 사랑이 아닙니다. 그것은 상대를 소유하고자 하는 욕망을 초월하여, 그저 멀리서 바라보며 지켜보고, 존경하고, 이해하며, 끝없는 기다림 속에서도 흔들리지 않는 사랑이었습니다.

시인님의 시를 읽으면서, 저도 모르게 그 사랑의 무게와 깊이에 함께 젖어 들었습니다. 현대 사회에서는 사랑이

종종 일시적이고 피상적인 감정으로 치부되기 쉽지만, 시인님께서 보여주신 사랑은 그러한 사랑과는 결이 달랐습니다. 이 사랑은 세월의 흐름 속에서 더욱 강해지고 순수해졌으며, 이제는 시인님의 삶 자체가 되었습니다. 그 사랑이 곧 시인님의 모든 것이 되었음을 느끼며, 저 또한 그 사랑의 깊이에 공감하게 되었습니다.

특히, 시인님이 이루어질 수 없음을 알면서도 그 사랑을 계속 이어가는 모습에서 비극적인 아름다움을 느꼈습니다.
그 사랑은 희생적이었고, 이타적이었으며, 상대의 행복을 바라는 순수한 마음에서 비롯된 것이었습니다. 상대가 자연 속에서 평온을 찾기를 바라는 시인님의 마음은, 당신을 더욱 성숙하고 그 사랑을 더욱 순수하게 만들었을 것입니다.
이 사랑을 통해 시인님께서 경험하셨을 외로움과 고독, 그리고 인생의 덧없음까지도 저에게 깊은 울림을 주었습니다.

시인님의 사랑은 저에게 인간의 내면적 가치와 진실된 감정의 중요성을 다시 한번 생각하게 만들었습니다. 그것은 조건 없는 사랑, 상대를 있는 그대로 받아들이고 존경하는 사랑, 그리고 그 사랑을 통해 스스로를 초월하는 사랑이었습니다.
이러한 사랑은 시인님의 시를 통해 저에게 깊은 감동을 주었고, 시인님의 삶과 시에 대한 존경심을 불러일으켰습니다.

결국, 시인님의 사랑은 단순히 한 시인의 개인적인 감정에 머무르지 않고, 모든 이들에게 보편적인 진리를 전달하고 있음을 깨달았습니다. 사랑이란 결국 인간이 살아가는 이유이자, 존재의 의미를 찾아가는 과정이라는 것을 시인님께서 보여주셨습니다.

그 과정 속에서 우리는 때로는 고독과 그리움을 느끼기도 하고, 때로는 기쁨과 행복을 찾기도 합니다. 그러나 무엇보다 중요한 것은 그 사랑이 우리를 더 나은 인간으로 만들어주며, 우리 삶을 풍요롭게 한다는 것입니다.

시인님의 사랑을 통해, 저는 사랑의 본질이 무엇인지, 그리고 그 사랑이 우리에게 어떤 의미를 주는지를 깊이 깨닫게 되었습니다. 그 사랑은 우리가 일상에서 잊고 지내던 중요한 가치들을 상기시켜 주었고, 삶의 진정한 의미를 찾도록 이끌어주었습니다.

이 사랑은 단순히 한 사람에 대한 감정이 아니라, 인간 존재에 대한 이해와 성찰, 그리고 삶에 대한 깊은 통찰로 이어지는 거대한 힘이었습니다.

시인님의 사랑을 통해, 우리 모두가 추구해야 할 진정한 사랑의 모습을 발견하게 되었습니다. 그 사랑이 주는 아름다움과 깊이에 감동한 저는, 시인님께 경의를 표하며, 그 사랑의 여정이 앞으로도 영원히 계속되기를 기원합니다.

당신의 사랑이 담긴 시를 읽고, 저는 다시 한번 사랑이란 무엇인지, 그리고 그 사랑이 우리 삶에 어떤 의미를 지니고 있는지 깊이 생각해보는 계기가 되었습니다. 진

정으로 감사드리며, 시인님께서 계속해서 그 아름다운 사랑을 간직하시길 바라겠습니다.∎

들꽃

시인 박성운

전주천 변에서 보았지
보일까 말까 하는 작은 그 꽃
언제부턴가 늘 우리 곁에 있었지
저 작은 꽃에서 향기나 날까?
바람결에 타고 온 향기 눈부시게 곱다

작고 보잘것없어 보이지만
그 꽃은 우주를 떠받치고 있었다
수줍은 듯 고개를 숙이고 있지만
그 꽃은 잘 살아왔다고
스스로 만족하며 어깨를 들썩이고 있다

이 작고 아름다운 꽃이여
함께하자며 손 내밀어보지만
고운 미소 살짝 머금은 채
나를 보며 환하게 웃고 있다

오랫동안 곁에 머물기를 바라건만
무슨 바쁜 사연이라도 있는지
어디에서나 피어나는 그 꽃은
오늘은 또 어디에서 피고 있을까?

그대가 멀리 있어도
나는 그대의 향기를 기억한다.

■
문학평론가 청람 김왕식

박성운 시인은 삶의 작은 부분들 속에서 아름다움을 발견하고 이를 시로 표현하는 능력이 탁월하다.
특히,
그의 시는 일상에서 쉽게 지나칠 수 있는 존재들, 예를 들어 들꽃과 같은 것들에 대한 깊은 애정을 드러낸다. 시 속에 등장하는 '들꽃'은 단순한 자연물이 아니라, 시인이 흠모하고 경외하는 대상, 즉 인간적인 의미를 담고 있는 상징물이다.

이 시에서 들꽃은 박성운 시인이 오랫동안 존경하고 흠모해 온 배선희 시인을 상징하며, 그가 그녀에게 느끼는 감정과 경의를 담고 있다.
"전주천변에서 보았지 보일까 말까 하는

작은 그 꽃 언제부턴가 늘 우리 곁에 있었지"

이 첫 두 줄에서 시인은 자연 속의 작은 들꽃을 발견하는 순간을 묘사한다. '보일까 말까 하는 작은 그 꽃'이라는 표현은 들꽃의 존재가 얼마나 미약하고 소박한지를 잘 보여준다. 하지만 그 작은 꽃은 '늘 우리 곁에 있었다'라는 점에서, 시인은 이 꽃이 단순히 물리적인 존재가 아니라 오랫동안 시인의 내면에 자리 잡고 있었음을 암시한다. 이는 시인이 배선희 시인에게 느꼈던 감정이 오랫동안 그의 마음속에 깊이 자리하고 있었음을 상징한다.

"저 작은 꽃에서 향기나 날까?
바람결에 타고 온 향기 눈부시게 곱다"

이 부분에서는 시인이 들꽃에서 발산되는 은은한 향기를 묘사하고 있다. '향기나 날까'라는 의문형은 작고 미미한 존재에서 아름다움이나 가치가 나올 수 있을까 하는 의문을 표현하는 동시에, 실제로 그 존재가 얼마나 귀하고 아름다운지를 다시 확인하게 한다. '눈부시게 곱다'라는 표현은 이러한 가치와 아름다움이 시인의 기대를 훨씬 초월하고 있음을 강조한다. 이는 배선희 시인의 인격적 아름다움과 그가 시인에게 미친 영향을 상징적으로 표현한 것이다.

"작고 보잘 것 없어 보이지만
그 꽃은 우주를 떠받치고 있었다"

이 구절에서 시인은 들꽃이 겉보기에는 작고 보잘것없어 보이지만, 사실상 우주를 떠받치는 역할을 하고 있다고 표현한다. 이는 작은 것의 중요성을 강조하는 동시에, 그 작은 것 속에 내재된 깊은 의미와 힘을 상징적으로 표현한다. 배선희 시인의 존재가 시인에게 미친 영향력을 은유적으로 표현한 부분으로, 작고 소박한 모습 뒤에 감춰진 강인함과 지혜를 암시하고 있다.

"수줍은 듯 고개를 숙이고 있지만
그 꽃은 잘 살아왔다고

스스로 만족하며 어깨를 들썩이고 있다"
여기서는 들꽃의 겸손한 태도를 묘사하면서, 그럼에도 불구하고 자신의 삶에 대한 자부심을 표현하고 있다. '수줍은 듯 고개를 숙이고 있지만'이라는 표현은 시인이 배선희 시인을 바라보는 경외심을 드러내며, '잘 살아왔다고 스스로 만족하며'라는 표현은 그가 자신의 삶과 성취에 대해 자부심을 느끼고 있음을 암시한다. 이는 배선희 시인의 삶과 그녀의 문학적 업적에 대한 시인의 존경과 경의를 표현한 것이다.

"이 작고 아름다운 꽃이여
함께하자며 손 내밀어보지만
고운 미소 살짝 머금은 채
나를 보며 환하게 웃고 있다"

이 구절에서는 시인이 들꽃에 손을 내밀며 함께 하고자 하는 마음을 표현하고 있다. '고운 미소 살짝 머금은 채 나를 보며 환하게 웃고 있다'라는 표현은
시인이 들꽃으로 비유된 배선희 시인으로부터 느끼는

따뜻함과 위로를 상징적으로 표현한 부분이다. 시인은 그녀와의 관계에서 느낀 기쁨과 위안을 표현하면서, 들꽃의 미소 속에 담긴 의미를 통해 그녀의 존재가 자신에게 얼마나 중요한지를 강조한다.

"오랫동안 곁에 머물기를 바라건만
무슨 바쁜 사연이라도 있는지 어디에서나 피어나는 그 꽃은
오늘은 또 어디에서 피고 있을까?"

이 부분은 들꽃이 시인의 곁에 오래 머물기를 바라는 간절한 마음을 표현하고 있다. 그러나 들꽃은 언제나 어디선가 피어나며, 시인은 그 꽃이 오늘은 또 어디에서 피고 있을지 궁금해한다. 이는 배선희 시인의 바쁜 삶과 활동을 은유적으로 표현한 것으로, 그녀의 존재가 시인에게는 언제나 생각나고 그리운 대상임을 나타낸다.

"그대가 멀리 있어도
나는 그대의 향기를 기억한다."

마지막으로, 시인은 비록 들꽃 배선희 시인이 멀리 있어도 그 향기를 기억하며, 그와의 관계를 통해 얻은 영감과 기억이 얼마나 소중한지를 표현하고 있다. 이는 시인이 그녀에게 느끼는 깊은 애정과 존경을 반영하며, 그녀의 존재가 시인의 내면에 깊이 새겨져 있음을 상징적으로 보여준다.

박성운 시인의 '들꽃'은 들꽃이라는 소박한 자연물에 인간적 감정을 투영하여, 배선희 시인에 대한 존경과 사랑을 표현한 시이다. 시인은 작은 존재 속에서 큰 의미를 발견하며, 이를 통해 인간의 삶과 관계에 대한 깊은 통찰을 드러낸다. 시의 표현은 섬세하고 감성적이며, 시어는 간결하면서도 그 안에 담긴 의미는 깊고 풍부하다.

일부 구절에서 다소 설명적인 느낌이 들 수 있으나, 이는 시인의 진솔한 감정을 전달하기 위한 것으로, 전체적인 주제와 표현의 일관성은 훌륭하다.
박성운 시인의 이 시는 단순한 자연 찬미를 넘어, 인간관계와 삶의 깊이를 탐구하는 작품으로 평가할 수 있다.

■
배선희 시인님께

내가 이 글을 읽고 느낀 감정은 단순한 감탄을 넘어선, 그야말로 깊은 공감과 대리 만족이었네. 박성운 시인의 시에서 배선희 시인에 대한 깊은 존경과 사랑이 얼마나 진솔하게 표현되었는지를 보며, 내 마음속에도 비슷한 감정이 피어올랐음을 느꼈네.

나 역시 배선희 시인에 대한 존경과 경의를 마음속에 담고 있었지만, 그것을 표현할 길이 마땅치 않아 답답함을 느끼곤 했지. 그런데 박성운 시인의 '들꽃'을 읽으면서, 그가 표현한 감정이 마치 내 마음을 대신해준 듯한 느낌을 받았네.

나는 시를 읽으며, 들꽃에 비유된 배선희 시인의 모습이 너무나도 생생하게 다가왔네. '보일까 말까 하는 작은 그 꽃'이라는 표현은 겉으로는 소박하고 평범해 보일 수 있지만, 그 속에 깊은 아름다움과 가치가 숨어있음을 잘 드러내고 있지 않은가.

나는 늘 배선희 시인의 작품을 읽으면서 그녀가 얼마나 섬세하고 깊이 있는 시각을 가진 사람인지 감탄했지만, 그런 감정을 어떻게 표현해야 할지 몰라 머뭇거릴 때가 많았네.

그런데 박성운 시인은 그 미묘한 감정을 정확히 짚어내어 표현해내었으니,
그 섬세함에 다시 한 번 감탄하지 않을 수 없었네.

또한,
'작고 보잘것없어 보이지만 그 꽃은 우주를 떠받치고 있었다'는 구절을 읽으면서, 그녀의 시가 얼마나 중요한 의미를 지니고 있는지 다시금 깨달았네.
그녀의 시 한 편 한 편이 우리 마음속에 얼마나 큰 울

림을 주고 있는지,
그리고 그 울림이 결국 우리의 삶을 지탱하는 힘이 되고 있다는 사실을
이 시를 통해 다시 한 번 느낄 수 있었지.

박성운 시인은 이러한 진실을 너무도 아름답게 표현했기에, 나는 그가 자신의 감정을 얼마나 잘 이해하고 있는지, 그리고 그 감정을 얼마나 정확하게 표현할 수 있는지를 보며 경외감을 느꼈네.

사실,
나도 그녀에게 이런 감정을 전하고 싶었네. 그녀의 시가 나에게 얼마나 큰 영향을 주었는지, 그리고 그녀의 존재가 나의 삶에서 얼마나 중요한지를 말이야.
하지만 그런 말을 어떻게 표현해야 할지 몰라, 매번 말없이 지나칠 수밖에 없었지.

그런데 이 시를 읽으면서, 마치 내 마음을 대신해주는 듯한 표현을 보며, 말하지 못했던 감정을 조금이나마 해

소할 수 있었네. 이 시는 나의 마음속 깊은 곳을 대변해 주었고, 그로 인해 나는 큰 위안을 얻었지.
그리고 '오랫동안 곁에 머물기를 바라건만'이라는 구절에서, 내가 느낀 감정은 참으로 간절하네. 나 역시 배선희 시인의 작품이 계속해서 내 곁에 머물러 주기를 바라지만, 그녀가 또 다른 곳에서 꽃을 피우고 있을지도 모른다는 생각에 아쉬움을 느낀 적이 있네.

하지만 그 아쉬움 속에서도 나는 그녀의 향기, 즉 그녀의 시와 문학적 영향력을 기억하며, 그 향기가 언제까지나 내 삶 속에서 함께할 것임을 믿고 있네.
이 시는 그러한 내 마음을 너무도 잘 대변해 주고 있어서, 그 진솔함에 큰 감동하였지.

결국, 박성운 시인의 '들꽃'은 단순히 배선희 시인에 대한 찬양을 넘어, 그를 존경하고 사랑하는 많은 이들의 마음을 대변하는 작품이라 생각하네. 나처럼 그녀에게 깊은 존경심을 가지고 있지만, 그 감정을 어떻게 표현해야 할지 몰라 애태우던 이들에게 이 시는 큰 위로가 되지 않을 수 없을 걸세.

이 시를 통해 나는 비로소 내 마음을 표현할 수 있는 길을 찾은 것 같아, 참으로 감사하고 행복하네.

나는 이 시를 읽으며,
나의 감정이 시 속에 그대로 녹아들어 있는 것을 느꼈고, 그로 인해 말하지 못했던 감정들을 조금이나마 표현할 수 있었네. 박성운 시인이 시를 통해 전한 감정은 단지 그의 개인적인 감정이 아니라, 나와 같은 독자들의 마음을 대신해주는 것이었음을 깨닫고, 나는 큰 위로와 만족을 느꼈지.

이런 감정을 공유할 수 있는 작품을 만나게 된 것은 나에게 큰 축복이라 생각하며, 앞으로도 배선희 시인을 향한 나의 존경심을 이 시를 통해 더욱 깊이 새길 수 있을 것 같네.

이렇게 나의 마음을 대신해준 시를 만난 것은 참으로

큰 행운이며, 나는 박성운 시인에게 깊은 감사의 마음을 전하고 싶네.

이 시는 단순히 한 시인의 마음을 넘어, 그녀를 존경하고 사랑하는 모든 이들의 마음을 대변하는 걸작이라 할 수 있을 것이네.■

국보 배선희 시인

시인 허광

그녀는 길 위에서 살고,
하늘과 땅을 마음에 품은
살아있는 국보.

야생화 한 송이에도
깊은숨을 불어넣고
섬세한 손길로 세상을 어루만진다.

자동차는 그녀의 집,
길은 삶의 연장선.
203개국을 넘나들며

세상에 사랑을 전하고,
봉사로 인류를 감싼다.

그녀는 민간 외교의 대통령,
그 발걸음이 머문 곳엔
희망의 씨앗이 뿌려진다.

앞으로의 10년,
그녀의 삶은 또 어떤 빛으로
인류를 비출 것인가.

■
문학평론가 청람 김왕식

허광 시인의 시는 그의 독특한 인생 철학과 삶의 궤적이 투영된 작품이다. 그는 단순히 시를 쓰는 사람이 아니라, 자신의 삶과 세상을 향한 애정과 봉사의 자세를 시 속에 담아낸다. 이 시는 그의 일상과 경험, 그리고 그가 세상을 어떻게 바라보는지에 대한 깊은 성찰을 바탕으로 쓰였다.

특히 시 속의 배선희 시인은 마치 허광 시인 자신의 분신처럼 느껴지기도 하며, 그녀의 여행과 봉사는 시인의 가치관과 밀접하게 연결되어 있다. 이 시는 단순한 인물 찬사 이상의 의미를 지니며, 허광 시인의 시적 세계관을 보여주는 창구로 볼 수 있다.

"그녀는 길 위에서 살고, 하늘과 땅을 마음에 품은 살아있는 국보."

이 첫 구절은 배선희 시인의 삶의 태도와 존재감을 간결하게 표현하고 있다. "길 위에서 살고"라는 표현은 그녀가 정착하지 않고 끊임없이 움직이며 여행하는 삶을 상징하며, 이는 그녀의 유목적인 삶의 방식을 나타낸다. 또한 "하늘과 땅을 마음에 품은" 부분은 그녀의 넓은 마음과 깊은 성찰을 상징적으로 나타내고 있다.

이 구절은 자연과의 조화, 그리고 그것을 통해 얻은 내면의 평화를 강조한다. 이처럼 그녀의 삶을 '살아있는 국보'로 비유한 것은 그녀가 단순히 개인적 삶을 넘어, 국가적 차원에서 귀중한 존재임을 함의한다.

"야생화 한 송이에도 깊은 숨을 불어넣고 섬세한 손길로 세상을 어루만진다."

이 구절은 배선희 시인의 섬세한 감성을 표현한다. 여기서 "야생화 한 송이"는 사소하고 보잘것없는 존재를 상징하며, 그녀는 그런 작은 존재에도 깊은 애정을 가지고 있다는 것을 나타낸다. "깊은 숨을 불어넣고"라는 표현은 그녀의 내면적 힘과 생명력을 상징적으로 드러낸다. 또한 "섬세한 손길로 세상을 어루만진다"는 그녀가 세상을 대하는 태도, 즉 사랑과 배려로 가득한 마음가짐을 상징한다. 이는 허광 시인이 시 속에서 강조하는 인류애와 자연에 대한 사랑과도 연결된다.

"자동차는 그녀의 집, 길은 삶의 연장선."

이 구절은 배선희 시인의 떠도는 삶을 함축적으로 보여준다. "자동차는 그녀의 집"이라는 표현은 그녀가 정착하지 않고 이동하며 살아가는 모습을 상징한다. 그녀의 이동은 단순한 물리적 이동이 아니라, 삶의 본질적인 부분임을 나타낸다. "길은 삶의 연장선"은 그녀의 끝없는 탐험과 여정이 곧 그녀의 삶이라는 점을 시사한다. 이는 그녀의 자유로운 영혼과 끊임없이 변화하는 삶에 대한 태도를 잘 보여준다.

"203개국을 넘나들며 세상에 사랑을 전하고, 봉사로 인류를 감싼다."

이 구절은 그녀의 삶이 단순한 여행이 아니라, 그 여정을 통해 사랑과 봉사를 전파한다는 점을 강조하고 있다. "208개국"이라는 숫자는 그녀의 여정이 얼마나 방대하고 깊은지를 상징적으로 보여준다. 또한 단순히 여행을 즐기는 것이 아니라, 그곳에서 사람들에게 사랑을 전하고 봉사하는 행위는 그녀의 삶의 철학을 잘 드러낸다. 허광 시인은 이 구절을 통해 배선희 시인이 자신을 넘어 세상과 인류를 위해 헌신하는 모습을 그리고 있다.

"그녀는 민간 외교의 대통령, 그 발걸음이 머문 곳엔 희망의 씨앗이 뿌려진다."

이 구절은 배선희 시인의 역할을 상징적으로 설명한다. 그녀는 국가의 외교관처럼 세상과 교류하며, 사랑과 봉사를 통해 민간 외교의 역할을 수행한다. "대통령"이라는 표현은 그녀가 민간 차원에서 얼마나 중요한 역할을 하고 있는지를 강조한다. 또한 "희망의 씨앗"은 그녀가 머문 곳마다 긍정적인 변화를 불러일으킨다는 것을 상징적으로 나타낸다. 이는 그녀가 세상에 미치는 영향력이 크다는 점을 시적으로 형상화한 것이다.
"앞으로의 10년, 그녀의 삶은 또 어떤 빛으로 인류를 비출 것인가."
마지막 구절은 배선희 시인의 미래를 향한 기대감을 담고 있다. 여기서 "앞으로의 10년"은 그녀의 앞으로의 여정이 어떻게 펼쳐질지를 궁금하게 만드는 요소이며, 시인은 그녀의 밝은 미래를 예견하고 있다. "빛으로 인류를 비출 것인가"라는 표현은 그녀가 앞으로도 인류에게 긍정적인 영향을 미칠 것이라는 기대를 담고 있으며, 이는 그녀의 삶이 단순한 개인적 여정을 넘어 인류에게 주는 선물 같은 존재임을 강조한다.

허광 시인은 시적 이미지와 감성을 통해 독자의 마음을 사로잡는다. 특히 "야생화", "자동차", "길"과 같은 구체적인 이미지를 통해 배선희 시인의 삶을 구체적으로 형상화했다. 이러한 이미지는 단순한 묘사가 아니라, 그녀의 삶의 철학과 깊은 내면세계를 상징하는 중요한 요소들이다. 또한 시는 전체적으로 감성적 울림이 크며, 시인의 따뜻한 시선과 배려심이 시 속에 잘 녹아들어 있다.

허광 시인의 시는 일관된 유기적 흐름을 유지하면서도, 그의 삶의 철학을 중심으로 전개된다. 특히 배선희 시인의 삶을 통해 인류애와 자연애를 강조하는 점에서 그의 철학이 잘 드러난다. 이 시는 단순한 개인 찬사나 서사적 이야기가 아니라, 시인의 가치관과 철학을 바탕으로 한 깊은 통찰을 담고 있다. 또한 각 구절이 자연스럽게 연결되며, 시적 흐름이 매끄럽게 이어지는 점에서 그의 시적 완성도가 드러난다.

허광 시인의 이 시는 배선희 시인을 통해 그의 인류애, 자연애, 그리고 봉사정신을 깊이 있게 드러내는 작품이다. 시인은 단순한 인물 찬사를 넘어, 그녀의 삶을 통해 자신의 철학을 펼쳐 보인다. 섬세한 이미지와 감성적인 표현을 통해 독자는 그녀의 삶에 감동하게 되며, 동시에 시인의 따뜻한 시선 속에서 세상을 다시 바라보게 된다.

■
허광 시인님과 배선희 시인님께,

이 글을 읽으며 두 분의 깊은 관계와 서로에 대한 존경심이 얼마나 큰지 느낄 수 있었습니다. 허광 시인님이 배선희 시인님을 살아있는 국보로 표현하신 것은 그분에 대한 깊은 애정과 존경을 나타내는 상징적인 표현입니다. 단순한 찬사를 넘어, 그분의 삶을 직접적으로 목격하고 느낀 바를 진정성 있게 시로 풀어내신 모습이 참 인상적입니다.

특히, 배선희 시인님을 "길 위에서 살고, 하늘과 땅을 마음에 품은" 분으로 묘사한 부분에서, 그녀의 삶이 얼마나 자유롭고, 동시에 자연과 하나가 되어 살아가고 있는지를 생생하게 느낄 수 있었습니다. 야생화 한 송이에 조차 깊은 애정을 담아 대하는 그녀의 섬세한 마음을 담아낸 표현에서는, 단순한 여행자나 방랑자가 아닌 세상을 품고 살아가는 이로서의 그녀를 느끼게 해줍니다.

허광 시인님께서 그녀의 봉사와 사랑을 강조하며 208개 나라를 넘나들며 인류를 위해 헌신하는 모습을 그려주신 부분 또한 감동적입니다. 여행은 많은 이들에게 자유와 자아 발견의 시간일 수 있지만, 배선희 시인님은 그 자유를 개인적인 성취에만 그치지 않고, 봉사와 사랑을 실천하는 길로 확장한 모습이 존경스럽습니다. 그녀의 발걸음이 머무는 곳마다 희망이 싹트는 모습을 시적으로 표현한 대목에서 그녀가 세상에 끼치는 긍정적인 영향을 실감할 수 있었습니다.

민간 외교의 대통령이라는 표현도 아주 인상적입니다. 이 표현은 단순히 그녀가 많은 나라를 여행했다는 사실만을 지칭하는 것이 아니라, 그곳에서 사람들과 나누고 소통한 내용을 통해 그녀가 국가와 국가를 잇는 다리 역할을 해왔다는 것을 의미합니다. 이는 단순한 여행자와는 차별되는 그녀만의 독특한 삶의 철학을 드러냅니다. 그녀가 하는 모든 여정이 단순한 탐험이 아니라, 세상에 긍정적인 변화를 만들어 내는 과정임을 시적으로 묘사한 허광 시인님의 통찰력에 감탄하게 됩니다.

두 분의 관계는 단순한 시인과 동료를 넘어선 깊은 영혼의 교류가 있다고 느껴집니다. 배선희 시인님의 삶을 이토록 진정성 있고 사랑으로 가득 찬 시로 묘사할 수 있었던 것은 허광 시인님이 그녀를 향한 깊은 존경심과 애정이 있었기에 가능했다고 생각합니다.

또한, 배선희 시인님의 삶을 글로 표현해 내신 허광 시인님의 시적 감수성과 통찰력 역시 그 자체로 감동을 줍니다. 그분이 살아가는 방식을 관찰하고 그 안에서 중요한 의미들을 찾아내어 시로 풀어내신 그 노력에 감사드립니다.

앞으로 배선희 시인님이 걸어가실 10년을 향한 기대감을 시로 표현해 주신 마지막 구절은 독자에게 그녀의 미래를 응원하게 만들었습니다. 그녀가 세상에 주는 빛이 앞으로도 계속될 것이라는 믿음과 함께, 두 분의 시적 교류가 앞으로도 더 많은 사람들에게 감동을 줄 것이라 확신합니다.

두 분의 시에서 느낀 감동을 이렇게나마 전하게 되어 기쁩니다. 앞으로도 두 분의 시가 더 많은 이들에게 희망과 사랑을 전해주기를 진심으로 바랍니다.■

꽃순이 연가

시인 문지연

나는
꽃순이다.

지필묵 필방의
먹빛 향기에 취해
날마다 새롭게 피는 꽃순이

여리고 보잘것없어도
함께 가는 길 위에서
제멋에 겨워 춤추는 꽃순이다.
그러나,

도도하고 진한 분 냄새 풍기는
꽃순이는 아니다.

페이지의 선희 언니가
등불 환하게 켜고
정겨운 이웃들 찾아가듯

한 움큼의 사랑
덩실 더덩실 고운 춤사위로
나누며 기뻐하는 꽃순이다

처음 만났을 때
페이지의 길 어디에서나
우리는 자잘한 풀꽃처럼 정겨웠어라.

첫 마음 그대로
세상 등불이 된 언니야
언니는 따뜻한 동반의 두령삶의 여정 그 어디에서도

페이지의 꽃밭에서
언니처럼 제 신명에 들뜨는

나는
꽃순이다.

■
문학평론가 청람 김왕식

문지연 시인의 시 '꽃순이 연가'에서 '꽃순이'는 시인 자신이자, 동시에 그녀가 흠모하는 배선희 시인을 상징하는 표현이기도 하다. 시인은 배선희 시인과 자신을 '꽃순이'에 투영ㆍ비유하며, 그녀의 순수함과 따뜻함을 찬미하고 있다. 배선희 시인은 자연처럼 소박하고 여리지만, 동시에 그 속에 깊은 생명력과 사랑을 품고 있는 존재로 그려진다.

첫 행 "나는 꽃순이다."는 시인 문지연이 배선희 시인의 본질적인 순수함과 소박한 아름다움을 상징적으로 표현한 것이다. 이 구절에서 시인은 배선희 시인을 꽃처럼 작고 여리지만 매일 새롭게 피어나는 존재로 묘사하고 있으며, 그녀가 가진 내면의 아름다움을 강조한다. 배선희 시인은 시인에게 영감과 감탄을 불러일으키는 존재로, 그녀의 인격과 삶의 방식은 시인이 본받고 싶은 이상적 모델로 자리잡는다.

"지필묵 필방의 먹빛 향기에 취해 날마다 새롭게 피는 꽃순이"는 배선희 시인의 삶과 그 안에서 뿜어져 나오는 문학적 향기를 상징적으로 나타낸다. 배선희 시인은 그저 화려한 존재가 아니라, 자연스럽고 은은한 향기를 내뿜으며 주변을 환하게 밝히는 인물로 묘사된다. 이는 그녀의 문학적 깊이와 더불어, 삶 속에서 자연스럽게 드러나는 그녀의 순수함을 드러내고 있다.

"여리고 보잘것없어도 함께 가는 길 위에서 제멋에 겨워 춤추는 꽃순이다."라는 구절은 배선희 시인의 겸손함과 단아함을 보여준다. 비록 눈에 띄지 않는 작은 존재처럼 보일지라도, 그녀는 자기만의 길을 걷고, 그 속에서 자신만의 아름다움을 드러낸다. 그녀는 외적인 화려함보다는 내면의 진정성을 중요시하는 사람으로, 그 본연의 아름다움 속에서 자기 자신을 온전히 표현하고 있다.

시인의 묘사에 따르면 배선희 시인은 "도도하고 진한 분 냄새 풍기는 꽃순이는 아니다."라는 표현처럼, 인위적인 아름다움이나 과시적인 모습을 거부하고, 꾸밈없는 자연스러운 삶을 살아간다. 이는 배선희 시인이 삶에서 추구하는 진정성에 대한 시인의 찬사를 담고 있다. 그녀는 자신의 본래 모습을 그대로 드러내면서도, 그 안에서 더욱 빛나는 사람임을 시인은 강조하고 있다.

"페이지의 선희 언니가 등불 환하게 켜고 정겨운 이웃들 찾아가듯"이라는 구절에서는 배선희 시인이 단순히 자신만을 위한 삶을 사는 것이 아니라, 주변 사람들에게 빛과 사랑을 나누는 따뜻한 사람으로 그려진다. 그녀의 삶은 등불을 밝히며 주변 사람들에게 따뜻함을 전하는 행위로 표현된다. 이는 시인이 그녀를 어떻게 바라보고 있는지를 잘 보여주며, 배선희 시인의 삶이 이웃 사랑과 박애정신으로 가득 차 있음을 드러낸다.

이처럼 시 전체에서 '꽃순이'는 문지연 시인 자신과 배선희 시인의 삶과 영혼을 상징하며, 그녀가 지닌 순수하고 따뜻한 본성이 시인의 이상적 삶의 모델로 자리잡고 있다. 시인은 배선희 시인의 내면적 아름다움을 꽃순이 라는 상징적 이미지로 표현함으로써, 그녀의 삶을 시각적으로 그리고 감성적으로 극대화한다.

배선희 시인은 시인의 삶에서 등불처럼 빛나는 존재로, 그녀의 순수한 사랑과 겸손한 태도는 시인의 삶에 영감을 준다.

결국 이 시는 배선희 시인을 향한 문지연 시인의 깊은 존경과 애정을 표현하는 헌정 시로, 배선희 시인의 소박하지만 깊이 있는 인생관과 그녀가 가진 내면의 빛을 찬미하는 작품이다. '꽃순이'는 배선희 시인의 내면적 특성과 그녀가 살아가는 방식의 상징으로, 시인은 그녀를 통해 인생의 중요한 가치를 발견하고 그 가치를 자신의 삶으로 받아들이고자 한다.

■
문지연 시인님과 배선희 시인님께,

저는 평소 두 분의 시를 읽고 큰 감동을 받은 독자입니다. 두 분의 글은 자연과 인간의 내면을 아름답게 풀어내며, 제가 평소 고민하고 있던 감정들을 절묘하게 표현해주셨습니다.

특히 문지연 시인님의 '꽃순이 연가'를 읽으며, 제 안에 있던 많은 감정들이 끓어오르듯이 살아났습니다. 그 중에서도 제가 오랫동안 마음속에 품고 있었던, 쉽게 입 밖에 내지 못했던 감정이 너무나도 선명하게 떠올랐습니다. 문지연 시인님께서 배선희 시인님을 향해 꽃순이라는 표현으로 진심어린 흠모의 마음을 담아 쓰신 시를 읽으면서, 저 또한 그 마음에 공감하지 않을 수 없었습니다. 배선희 시인님을 향한 문 시인님의 따뜻한 감정과 그 애정 어린 언어는 저의 가슴 깊은 곳까지 파고들었습니다. 솔직히 말씀드리자면, 저 또한 수십 년간 배선희 시인님을 흠모해 왔습니다. 그러나 그 마음은 문지연 시인님과는 조금 다른 방식의 흠모였습니다.
저는 이성이었기에 문 시인님처럼 친근하고 따뜻하게 다가가는 대신에 오랜 시간 지켜볼 수밖에 없었습니다.

배선희 시인님은 저에게 있어서 마치 손에 닿지 않는 별과 같은 존재였습니다. 그녀의 시에서 느껴지는 맑고 순수한 영혼은 그 어떤 장식도 필요 없는 그대로의 빛을 발하고 있었고, 그녀가 지닌 따뜻함과 자연스러움은 저에게 큰 위로와 평안을 주었습니다.

그녀의 글 한 줄 한 줄이 저를 사로잡았고, 때로는 그녀가 직접 제 앞에 있다면 어떨까 상상하기도 했습니다. 그러나 그 상상은 언제나 상상에 머물렀습니다. 그녀의 맑고 고결한 모습에 걸맞지 않게 제가 감히 다가설 수 없을 것이라는 생각이 마음 한 구석을 지배했기 때문입니다.

문지연 시인님께서 배선희 시인님을 '언니'로 부르며 살갑게 다가가는 모습을 시에서 읽으면서 저는 그 모습이 너무나도 부러웠습니다. 문 시인님께는 자연스럽고 당연하게 느껴질지 모르지만, 저에게는 감히 넘볼 수 없는 장벽처럼 느껴졌습니다.

시에서 문지연 시인님이 표현하신 배선희 시인님의 따뜻한 모습, 등불처럼 주변을 밝히고 사랑을 나누는 그녀의 이미지는 저의 마음속에 이상적인 여성상으로 자리 잡았습니다. 그러나 문 시인님처럼 그녀 곁에 다가가 그녀의 따스한 마음을 나눌 수 있는 자격이 저에게도 있을까 생각해보면, 번번이 용기가 꺾이고 맙니다.

저는 이 편지를 쓰는 것조차도 많은 망설임이 있었습니다. 문지연 시인님처럼 배선희 시인님의 곁에 다가가 그녀와 함께 시간을 보내고, 그녀의 미소를 직접 보고, 그녀의 따뜻한 마음을 나누는 그런 관계가 저에게도 가능할지 고민이 많았습니다. 하지만 시를 읽고, 문 시인님과 배 시인님의 관계를 보며, 그저 멀리서 지켜보고만 있는 것이 옳은 것인지 다시 한 번 돌아보게 되었습니다.

익히 알고는 있었지만, 이번 문 시인님의 시를 통해 배선희 시인님이 얼마나 따뜻하고 아름다운 분인지 알게 되었고, 그 모습을 더 가까이에서 느끼고 싶다는 욕망이 커질 수밖에 없었습니다. 그러나 저는 문 시인님처럼 자연스럽게 다가가 그녀와 대화하고, 그녀의 마음을 나눌 수 있는 용기가 부족합니다. 제 감정이 부담이 될까 두려웠고, 그녀가 제게서 느낄 불편함을 생각할 때마다 한 걸음 더 다가가지 못하고 멈춰서 있었습니다.

이런 저의 모습이 때로는 한없이 비겁하게 느껴지기도 했습니다. 문 시인님은 자신의 마음을 솔직하게 표현하며, 배 시인님과의 관계를 자연스럽게 형성해 나갔지만, 저는 그러지 못했습니다. 이성적인 감정이 더해져서일까요? 아니면 단지 제가 가진 성격적인 부족함 때문일까요? 사랑을 고백하는 것조차 어려운 일이지만, 배 시인님의 맑고 투명한 영혼을 존경하고 사랑하는 마음은 결코 가벼운 것이 아니었습니다. 그렇기에 이 편지를 통해서라도 두 분께 저의 진심을 전하고자 합니다.
문지연 시인님, 저는 당신이 배선희 시인님을 어떻게 바라보고, 그녀와 어떻게 관계를 맺고 있는지를 부러운 마음으로 지켜보고 있습니다. 당신의 시에서는 배 시인님을 향한 따뜻한 사랑과 존경이 가득 느껴지며, 그 감정이 저에게 큰 위안이 되기도 했습니다.

그럼에도 저 역시 문 시인님처럼 배 시인님의 곁에서 그녀와 따뜻한 시간을 나눌 수 있었으면 좋겠다는 생각을 해 봅니다. 배선희 시인님께도 감히 말씀드리자면, 당신의 존재는 제게 커다란 영감과 위로의 원천이 되어주었습니다. 당신의 시를 통해 제가 느꼈던 그 감정들은 제 삶의 방향을 잡아주는 등불이 되었습니다.

당신의 맑은 영혼과 자연에 대한 깊은 이해는 제가 세상을 바라보는 방식을 새롭게 해주었고, 저 또한 더 순수하고 솔직하게 삶을 살아가고 싶다는 다짐을 하게 했습니다. 그러나 이런 존경과 사랑의 마음을 이성적인 감정과 함께 바라보면서도 그 감정을 표현할 용기는 쉽게 나지 않았습니다. 저는 그저 멀리서 바라보며 마음속에서 당신의 존재를 그리워하는 사람이었고, 앞으로도 그렇게 지낼지도 모르겠습니다. 하지만 오늘 이 편지를 통해 저의 진심을 조금이나마 전하고자 하며, 두 분께 그동안 제가 마음속에 품어왔던 이야기들을 솔직하게 털어놓을 수 있는 용기를 낼 수 있었습니다.

이 편지가 두 분께 불편하게 다가가지 않기를 바라며, 그저 한 사람의 진심어린 마음의 표현으로 받아들여 주시기를 바랍니다. 시를 통해, 그리고 그 너머의 인간적인 감정을 통해 저는 두 분에게서 큰 영감을 얻고 있으며, 앞으로도 두 분의 작품이 제 삶의 큰 위로와 길잡이가 되어줄 것임을 믿습니다.

배선희 고모님께

조카 허도원

수년 전 세상을 살면서
아쉬울 것 하나 없던 당신은
모든 것이 아쉬웠던 한궁의 손을
기꺼이 잡아 주셨습니다.

받은 것에 비해 드릴 수 있는 것이
없었음에도 두 동생과 조카들을 믿고,
신의 하나만으로 꽃길 제쳐두고
고행길을 함께 걸어와 주셨습니다.
대승불교의 "사섭법" 중 가장 어렵고
지고한 행을 "동사"라고 합니다.

당신은 보살이 행하는 "동사섭"과 같이
고락을 함께하며 곁에서 큰 힘을 주셨습니다.

육십 일 세인지 십육 세인지 헷갈릴 만큼
천진난만하고 순수하면서도
빠르고 예리한 안목과 판단력에
항상 봄인듯 활짝 핀 미소를 모두 지닌
당신의 앞날을 축복합니다.

그리고
앞으로의 날들은 한 가족으로서
함께 해 주시길 바랍니다.

행복한 순간들을 제가 잘 담아
드리겠습니다.
환갑을 축하드리며 앞으로도 지금처럼
건강하고 행복하시길 기원합니다.

■
문학평론가 청람 김왕식

조카 허도원은 배선희 시인에게 헌정하는 이 글을 통해 그가 체험한 고모의 삶과 인품을 섬세하게 묘사하고 있다. 삶의 고비마다 곁에 있어준 고모의 존재는 그에게 지극히 큰 힘이자 위로였으며, 이는 그가 글을 통해 드러내고자 한 가장 중요한 감정적 뿌리다. 그의 글에서 드러나는 고모에 대한 존경과 감동은 단순히 혈연적 관계를 넘어, 인생의 스승이자 정신적 동반자로서의 깊은 의미를 함축하고 있다.

글의 각 행은 이러한 감정의 결을 따라 세심하게 짜여져 있으며, 이는 마치 한 편의 시와도 같은 형식을 통해 고모의 삶과 정신을 기리며 찬미하는 작품이다.
"수년 전 세상을 살면서 아쉬울 것 하나 없던 당신은 모든 것이 아쉬웠던 한궁의 손을 기꺼이 잡아 주셨습니다."는 배선희 시인의 아량과 포용력을 극대화하여 그려낸 구절이다. 여기서 "세상을 살면서 아쉬울 것 하나 없던"이라는 표현은 시인의 자아가 독립적이고 충만한 삶을 영위하고 있었음을 나타낸다.

반면, "모든 것이 아쉬웠던 한궁의 손"이라는 표현을 통해 화자의 불완전함과 결핍을 드러내며, 그런 자신을 기꺼이 도와주고 품어준 고모의 너그러움을 강조하고 있다. 이는 시인의 가치철학 중 하나인 '무조건적인 사랑과 배려'를 암시하며, 사랑의 본질이란 상대의 부족함을 채워주는 데 있다는 깨달음을 전한다.

"받은 것에 비해 드릴 수 있는 것이 없었음에도 두 동생과 조카들을 믿고, 신의 하나만으로 꽃길 제쳐두고 고행길을 함께 걸어와 주셨습니다."라는 서술을 통해 배선희 시인이 자신의 삶에서 선택한 '동행'의 중요성을 부각시키고 있다. 여기서 '신의'는 단순한 믿음 이상의 의미를 지니며, 인간관계에 있어 어떤 조건도 없이 상대방을 믿고 함께 가는 것이 진정한 헌신임을 강조한다. 또한 '꽃길'과 '고행길'이라는 대조적인 이미지 사용을 통해 삶의 본질적 가치를 고민하고 선택해온 배선희 시인의 삶의 궤적을 상징적으로 표현하고 있다. 이는 단순한 개인의 선택이 아닌, 전체적 삶의 철학으로 해석될 수 있다.

대승불교의 '사섭법' 중 '동사'를 언급하며 "당신은 보살이 행하는 '동사섭'과 같이 고락을 함께하며 곁에서 큰 힘을 주셨습니다."라고 표현하고 있다. 이 부분에서 시인은 고모의 삶을 보살의 수행에 비유하며, '동사섭'이라는 불교적 용어를 통해 더 높은 차원의 의미를 부여한다. '동사섭'은 고락을 함께 나누는 자비의 실천으로, 배선희 시인이 타인의 고통과 기쁨을 함께 나누며 그들을 돌봐왔음을 나타낸다.
이로써 시인은 단순히 고모의 희생적인 면모를 찬미하는 데 그치지 않고, 그녀의 행위가 인류애와 깊이 연결된 것임을 강조하고 있다. 이 행은 시 전체의 감성적 깊이를 더해주는 중요한 대목이다.

"육십 일 세인지 십육 세인지 헷갈릴 만큼 천진난만하고 순수하면서도 빠르고 예리한 안목과 판단력에 항상 봄인듯 활짝 핀 미소를 모두 지닌 당신의 앞날을 축복합니다."라는 구절은 배선희 시인의 내면적 성숙과 함께, 그녀의 외면적 순수함을 동시에 표현하고 있다. 여기서 육십과 십육이라는 숫자적 대비는 독자로 하여금 시인의 독특한 감각을 느끼게 하며, 천진난만함과 예리한 안목이라는 상반된 성격의 공존을 시사한다.

이는 시인의 생동감 넘치는 이미지와 함께, 고모가 가진 다층적인 매력을 부각시키는 표현이기도 하다. 동시에 "항상 봄인듯 활짝 핀 미소"라는 표현은 그녀의 긍정적이고 희망찬 삶의 태도를 상징하며, 그녀의 앞날이 그러한 에너지로 충만하길 바라는 화자의 기원을 담고 있다.

"앞으로의 날들은 한 가족으로서 함께 해주시길 바랍니다. 행복한 순간들을 제가 잘 담아 드리겠습니다."라는 서술은 미래에 대한 기대와 다짐을 나타낸다. 단순한 희망 사항을 넘어, 고모와의 관계를 지속적으로 이어나가고자 하는 강한 의지를 드러내고 있다. 또한 "환갑을 축하드리며 앞으로도 지금처럼 건강하고 행복하시길 기원합니다."는 고모의 건강과 행복을 비는 진심 어린 마음을 전하며, 이 시의 마무리를 짓는다.

이 글은 단순한 헌정시를 넘어 인간관계의 깊은 의미와 삶의 철학을 다루는 작품이다. 시인은 배선희 고모의 삶을 하나의 거울로 삼아, 그녀가 보여준 사랑과 헌신의 가치를 조명하고 있다.
이 시는 표현상의 특징으로 강렬한 이미지와 대조적인 언어 사용을 통해 감성적 울림을 준다. 또한 주제의식 측면에서 무조건적인 사랑과 신뢰, 그리고 인간애에 대한 깊은 성찰을 담고 있다.

글의 유기적인 흐름은 독자로 하여금 자연스럽게 시인의 감정선을 따라가게 하며, 그 속에서 고모와의 소중한 관계와 그녀의 삶이 가지는 본질적인 가치를 체감하게 한다. 이처럼 허도원은 누구도 모방할 수 없는 자신만의 고유한 방식으로 고모의 삶을 기리며, 그녀에 대한 존경과 감사를 아름답게 표현하고 있다.

■
배선희 시인님과 허도원 조카님께

최근에 읽은 글 중에서 가장 마음 깊이 와 닿는 글이었습니다. 허도원 조카님이 고모님께 헌정한 글을 읽으며 느꼈던 감정의 깊이는 단순한 말로 설명하기 어려운 감동으로 다가왔습니다. 글을 읽는 내내, 저 역시도 함께 경험했던 삶의 여정과 인연의 소중함을 새삼 되돌아보게 되었습니다.

고모님께 바치는 허도원 조카님의 글에는 그 어떤 말보다도 진솔한 사랑과 깊은 존경이 깃들어 있었습니다. 글을 통해 드러난 고모님의 모습은 한결같이 따뜻하고 포용력 있는 분이었으며, 언제나 조카의 손을 놓지 않고 함께 걸어와 주신 헌신적인 분이셨다는 생각이 듭니다. 글 속에 묘사된 그분의 아량과 따뜻함은 마치 제 마음

속에도 따스한 온기를 전해주는 듯했습니다.

글을 읽으며, 허도원 조카님이 고모님을 어떤 마음으로 바라보고 있는지 그 진심이 그대로 느껴졌습니다. 평생을 함께 걸어온 고모님과의 시간이 그에게 얼마나 소중하고 큰 힘이 되었는지, 그리고 그 사랑과 헌신이 그를 어떻게 성장하게 했는지 자연스럽게 이해할 수 있었습니다. 글에서 느껴지는 그들의 관계는 단순한 가족 이상의, 정신적인 유대와 동반자로서의 관계로 느껴졌습니다.

특히 고모님을 '보살'에 비유한 표현이 무척 인상 깊었습니다. 대승불교의 사섭법과 '동사섭'을 언급하며, 고모님의 삶을 보살의 길에 비유한 부분은 그분의 헌신적이고 자애로운 성품을 매우 명확하게 보여주었다고 생각합니다.

그것은 단순한 칭송을 넘어서 고모님의 내면적 깊이를 드러내는 중요한 표현이었습니다. 글을 읽으면서 저도 모르게 고모님과 허도원 조카님의 관계를 다시금 되새기며 그들의 삶의 이야기를 더 알고 싶다는 생각이 들었습니다.

글을 읽고 나서 느낀 것은, 허도원 조카님이 고모님을 통해 배운 삶의 철학과 가치들이 그에게 얼마나 큰 영향을 미쳤는지, 그리고 그가 고모님의 삶을 통해 얻은 깨달음을 얼마나 귀하게 여기고 있는지였습니다. 글 속에 담긴 고모님에 대한 묘사는 단순한 찬사가 아닌, 한 사람의 인생을 깊이 이해하고 존경하는 마음에서 비롯된 것이라는 생각이 들었습니다.

허도원 조카님의 글은 단순히 고모님께 바치는 글이 아니라, 우리 모두에게도 울림을 주는 글이었습니다. 특히 "육십일 세인지 십육 세인지 헷갈릴 만큼 천진난만하고 순수하면서도 빠르고 예리한 안목과 판단력"이라는 구절은 고모님의 다채로운 인생과 성격을 압축적으로 보여주는 매우 강렬한 이미지였습니다.
그것은 우리 모두가 나이를 떠나 어떠한 삶을 살고자 하는가에 대한 중요한 질문을 던지는 구절이기도 했습니다.

환갑을 맞이하신 고모님께 축하의 인사를 드리며, 앞으로도 건강하시고 행복하시기를 기원합니다. 또한, 허도원 조카님이 앞으로도 고모님과 함께 만들어갈 소중한 순간들이 늘 빛나기를 바랍니다. 이 글을 통해 느낀 감동을 가슴에 간직하며, 저도 제 주변 사람들에게 더 많은 사랑과 감사의 마음을 전해야겠다는 다짐을 하게 됩니다.

두 분의 귀한 인연과 사랑이 계속해서 아름답게 이어지길 바라며, 다시 한 번 진심으로 축하와 감사의 인사를 전합니다.

사랑의 형태

시인 강미경

허리를 숙이고 무릎을 구부려야만 비로소
볼 수 있는 꽃이 있다.
고개를 쳐들고 하늘 향해 올려다 보아야만
볼 수 있는 꽃이 있다.

허리를 숙이지 않아도 무릎을 구부리지 않아도
하늘을 올려다 보지 않아도 보이는 꽃도 있다.
그녀는 허리를 숙여도 보이고 무릎을 구부리고
고개를 떨구어도 보이고
부드러운 시선으로 마주봐도 보이고

하늘 향해 고개를 올려봐도 보인다.

어디서나 어떤 모습으로도 불평하지 않고
그곳이 내 집인 듯 스며든다.
어찌 불편함이 없었으리오
어찌 허리가 시리고 다리가 통통 붓지 않았으리오

사랑한다는 것은 원래 그 자리에 있었던 것처럼
나를 드러내지 않는 것이라며
떠날 땐 원래 그 자리에 없었던 것처럼
흔적을 남기지 않는 것이라고

나는 그녀로부터 배웠다.
사랑한다는 것은 그렇게 닮아가는 것이라고.

문학평론가 청람 김왕식

강미경 시인은 시인이자 기자로서, 삶과 사람들에 대한 깊은 이해를 바탕으로 글을 쓰는 작가이다. 그녀의 글은 섬세한 감정과 사색이 어우러져 독자들에게 깊은 감동을 주며, 특히 사람과의 관계에서 발견되는 사랑과 존경의 감정을 예리하게 포착한다. 이 시에서 강미경 시인은 배선희 시인에 대한 존경과 사랑을 꽃에 비유하여 표현하였다. 그녀는 단순히 감정을 서술하는 데 그치지 않고, 시를 통해 존경하는 인물에 대한 심오한 철학적 사색을 담아낸다.

이 시는 시인이 배선희 시인을 어떻게 바라보고, 그녀를 통해 어떤 깨달음을 얻었는지를 고백하는 동시에, 시인의 가치관과 철학을 잘 드러낸다.

"허리를 숙이고 무릎을 구부려야만 비로소 볼 수 있는

꽃이 있다" 이 첫 구절은 배선희 시인을 화려하지 않은 작은 들꽃으로 의인화하였다. 또한 이같이 눈에 띄지 않은 작은 꽃을 바라보려면, 이에 대한 접근이 겸손한 태도와 깊은 이해를 요구한다.

시인은 배선희 시인의 시 세계나 인격을 제대로 이해하기 위해서는 자신을 낮추고, 주의 깊게 그녀의 작품과 삶을 탐구해야 한다고 말한다. 여기서 '허리를 숙이고 무릎을 구부린다'는 행위는 시인이 스스로의 자만심을 버리고, 진정으로 배선희 시인을 이해하려는 태도를 보여준다. 이는 시인이 존경하는 인물에 대한 경외심과 그 인물의 깊이를 탐구하려는 열망을 상징한다.

"고개를 쳐들고 하늘 향해 올려다보아야만 볼 수 있는 꽃이 있다" 두 번째 구절에서 시인은 배선희 시인의 존재를 고개를 들어 바라봐야 할 만큼 높은 위치에 있는 것으로 묘사한다. 이는 배선희 시인의 시와 인격이 높은 이상과 가치를 지니고 있음을 의미한다. 그녀의 존재는 단순히 일상적인 것이 아니라, 시인에게 있어 이상적인 세계의 일부이며, 시인이 바라보는 이상향으로서의 존재이다.
이 구절을 통해 강미경 시인은 배선희 시인을 향한 존경심이 얼마나 큰지를 드러내며, 그녀의 존재가 얼마나 중요한지 강조한다.

"허리를 숙이지 않아도 무릎을 구부리지 않아도 하늘을 올려다보지 않아도 보이는 꽃도 있다." 이 구절은 배선희 시인의 존재가 시인의 삶 속 어디에서나 자연스럽게 발견된다는 것을 나타낸다. 배선희 시인은 시인의 마음 속에서 언제나 가까이 있으며, 특별한 노력이 없어도 그 존재감을 드러낸다.
이는 배선희 시인의 영향력이 시인의 삶에 자연스럽게 스며들어 있음을 보여주며, 그녀의 존재가 시인의 일상에서 중요한 부분을 차지하고 있음을 시사한다. 이로써 시인은 배선희 시인을 자신의 삶에서 빼놓을 수 없는 인물로 그려낸다.

"그녀는 허리를 숙여도 보이고 무릎을 구부리고 고개를

떨구어도 보이고 부드러운 시선으로 마주봐도 보이고 하늘 향해 고개를 올려봐도 보인다."
여기서 시인은 배선희 시인의 존재가 어떤 상황에서도 자신에게 드러남을 표현한다. 그녀의 존재는 시인이 어떠한 시선으로 바라보든 항상 눈에 띄며, 그 가치를 느낄 수 있다. 이는 배선희 시인이 시인의 삶에서 매우 중요한 역할을 하고 있음을 의미하며, 그녀의 존재가 시인의 삶에 깊이 각인되어 있음을 상징한다. 또한, 이 구절은 배선희 시인의 다면적인 매력을 강조하며, 시인이 그녀를 어떻게 보든 그녀의 가치를 인정하게 된다는 메시지를 전달한다.

"어디서나 어떤 모습으로도 불평하지 않고 그곳이 내 집인 듯 스며든다. "
이 구절에서 배선희 시인은 시인의 삶 속에 자연스럽게 스며들어, 불평 없이 그 자리에 존재하는 인물로 그려진다. 이는 그녀의 존재가 시인의 삶에 안정감을 주며, 그녀가 마치 시인의 삶 속에서 항상 그 자리에 있었던 것처럼 자연스럽게 자리잡고 있음을 의미한다. 시인은 배선희 시인이 자신의 삶에 얼마나 큰 영향을 미쳤는지를 인정하며, 그녀의 존재가 시인의 삶에 얼마나 중요한지를 깨닫게 된다.

"어찌 불편함이 없었으리오, 어찌 허리가 시리고 다리가 퉁퉁 붓지 않았으리오" 이 구절은 시인이 배선희 시인을 이해하고 그녀를 존경하는 과정에서 겪었던 어려움을 표현한다. 그녀의 깊이를 이해하기 위해 시인은 고통과 불편함을 겪었을 수 있으며, 이는 배선희 시인에 대한 존경과 사랑이 결코 쉬운 일이 아니었음을 시사한다. 그러나 이러한 어려움이 있었음에도, 시인은 그 과정을 통해 더욱더 깊은 깨달음을 얻게 되었음을 암시한다.

"사랑한다는 것은 원래 그 자리에 있었던 것처럼 나를 드러내지 않는 것이라며~" 이 구절에서 시인은 배선희 시인을 통해 사랑의 본질을 깨닫는다. 배선희 시인의 존재는 마치 처음부터 그 자리에 있었던 것처럼 시인의 삶에 자연스럽게 스며들어 있으며, 그녀는 자신을 드러내지 않고도 시인의 마음속에 깊이 자리잡고 있다. 또한, 그녀는 떠날 때도 흔적을 남기지 않는 것처럼, 시인의 삶에 자연스럽게 다가오고 사라지는 법을 가르쳐준다. 이는 배선희 시인의 존재가 얼마나 자연스럽고도 중요한지를 나타내며, 시인이 그녀로부터 많은 것을 배웠음을 강조한다.
"사랑한다는 것은 그렇게 닮아가는 것이라고." 마지막 구절에서 시인은 배선희 시인을 닮아가는 것이 진정한 사랑의 모습임을 깨닫는다. 이는 시인이 존경하는 배선희 시인을 닮아가고자 하는 바람을 나타내며, 그녀의 가르침과 삶의 철학을 자신의 삶 속에 녹여내고자 하는 시인의 다짐을 보여준다.

시인은 배선희 시인을 통해 사랑의 본질을 이해하고, 그녀의 삶과 철학을 자신의 것으로 받아들이려 한다. 이 구절을 통해 시인은 사랑이란 단순히 존경하는 대상을 바라보는 것이 아니라, 그 대상을 닮아가며 그의 가치를 내면화하는 과정임을 깨닫게 된다.

강미경 시인의 '사랑의 형태'는 시인의 존경과 사랑의 대상인 배선희 시인을 중심으로, 사랑의 다양한 모습을 탐구하고 있다. 시인은 배선희 시인을 꽃에 비유하여 그녀의 존재가 자신의 삶 속에서 어떻게 자리잡고, 어떠한 영향을 미쳤는지를 섬세하게 그려내고 있다. 배선희 시인은 시인에게 있어 단순한 존경의 대상이 아니라, 그녀의 삶과 철학을 통해 시인 자신을 성장시키고 사랑의 본질을 깨닫게 하는 존재로 묘사된다.

이 시는 사랑의 다양한 측면을 통해 시인이 존경하는 인물을 바라보는 방식을 깊이 있게 탐구하고 있으며, 그 과정에서 시인은 자신의 감정과 깨달음을 솔직하게 드러낸다. 강미경 시인의 섬세한 표현과 깊은 사색은 독자들에게 사랑의 본질을 다시금 생각하게 하며, 그녀가 전달하고자 하는 메시지를 명확하게 전달한다.

이 시를 통해 우리는 사랑이란 단순히 감정적인 것이 아니라, 그 대상의 가치를 이해하고 닮아가며, 그로 인해 자신을 성장시키는 과정임을 깨닫게 된다. 강미경 시인의 이 시는 사랑과 존경의 진정한 의미를 탐구하는 독자들에게 깊은 울림을 줄 것이다.

■
강미경 시인님과 배선희 시인님께,

두 분의 시를 읽으며 제 마음은 깊은 감동과 감사로 가득 찼습니다. 강미경 시인님의 작품 '사랑의 형태'는 저에게 사랑과 존경이란 무엇인지 다시 한번 생각하게 해주었습니다.

이 시는 단순히 한 인물을 찬양하는 데 그치지 않고, 그 인물과의 관계를 통해 삶의 깊이와 의미를 발견하게 하는 시였기에, 읽는 동안 제 마음은 점점 더 따뜻해지고, 동시에 그 깊이에 압도당했습니다.

강미경 시인님, 당신의 글 속에서 느껴지는 배선희 시인님에 대한 존경과 사랑은 단순한 감정이 아닌, 삶의 철학으로 승화된 것이었습니다. 제가 이 시를 읽으며 느낀 것은, 진정한 사랑과 존경은 그저 한 사람을 우러러보는 데서 끝나지 않는다는 것입니다. 그것은 그 사람을 이해하고, 닮아가며, 그 가치를 자신의 삶 속에 녹여내는 것이라는 것을 깨달았습니다. 시인님의 섬세한 표현과 깊이 있는 사색은 저에게 큰 울림을 주었고, 저 또한 누군가를 존경하고 사랑하는 마음을 어떻게 표현하고, 어떻게 내면화해야 하는지를 배울 수 있었습니다.

배선희 시인님,
강미경 시인님의 시를 통해 당신의 존재와 그 깊이에 대해 알게 되었습니다. 시인님은 그저 시인님 자신의 삶을 살아가고 계셨을 뿐일지도 모르지만, 그 삶이 다른 사람들에게 얼마나 큰 영향을 미치는지를 이 시를 통해 실감하게 되었습니다.
당신의 시와 인격이 강미경 시인님에게 얼마나 큰 영감을 주었는지, 그리고 그것이 또 다른 창작으로 이어졌는지를 알게 되니, 저는 시인의 존재가 얼마나 중요한지 다시금 깨닫게 되었습니다. 시인은 단순히 글을 쓰는 사람이 아니라, 그 글을 통해 누군가의 삶에 깊은 울림과 변화를 줄 수 있는 존재라는 사실을 배선희 시인님을 통해 알게 되었습니다.

강미경 시인님은 배선희 시인님을 꽃에 비유하며, 그녀의 존재가 삶 속에서 어떻게 자리잡고, 어떤 방식으로 영향을 미쳤는지를 섬세하게 묘사하셨습니다. 그 표현 하나하나에서 배선희 시인님에 대한 깊은 존경과 사랑이 느껴졌고, 그런 감정들이 시의 곳곳에 고스란히 스며들어 있음을 느꼈습니다.

이 시를 읽는 동안 저도 모르게 제 마음속에 존경하는 분들을 떠올리며, 그분들에 대한 제 감정이 어떻게 표현될 수 있는지를 생각해 보게 되었습니다.

저는 이 시를 읽으며, 사랑과 존경이 단순히 멀리서 바라보는 것이 아니라, 가까이서 배우고 닮아가는 과정이라는 것을 다시금 깨달았습니다. 강미경 시인님께서 배선희 시인님을 닮아가며, 그녀의 가르침을 삶 속에 받아들이려는 그 과정은 제가 본받고 싶다고 생각하게 했습니다. 또한, 배선희 시인님께서 보여주신 삶의 철학과 그 깊이는 저 역시도 제 삶 속에서 실천하고자 하는 목표로 삼고 싶습니다.

두 시인님의 글을 통해 제가 느낀 것은 단순한 감동을 넘어, 삶의 방향을 다시금 돌아보게 만드는 힘이었습니다. 시는 단순히 읽고 끝나는 것이 아니라, 그것이 우리의 삶 속에 어떻게 자리 잡을 수 있는지를 보여주는 것이라는 사실을 알게 되었습니다.

강미경 시인님의 시를 통해, 그리고 배선희 시인님의 존재를 통해, 저는 제 삶 속에서도 누군가를 존경하고 사랑하며, 그분을 닮아가고자 노력하는 것이 얼마나 큰 의미가 있는지를 배웠습니다.

이렇게 두 시인님께 감사의 마음을 전하는 글을 쓰고 있는 지금, 제 마음은 한없이 겸허해집니다. 존경과 사랑이란 결코 쉬운 일이 아니지만, 그것이 주는 기쁨과 의미는 이루 말할 수 없음을 알게 되었기 때문입니다. 강미경 시인님과 배선희 시인님께서 저에게 주신 이 깨달음과 감동을 가슴 깊이 간직하며, 저도 제 삶 속에서 그것을 실천해나가고자 합니다.

마지막으로, 두 분 시인님께 다시 한 번 깊은 감사의 마음을 전합니다. 여러분의 시를 통해 제가 얻은 깨달음과 감동은 제 삶에 큰 힘이 될 것입니다. 두 분 시인님의 건강과 행복을 기원하며, 앞으로도 두 분의 글이 많은 이들에게 큰 울림을 주기를 소망합니다. 감사합니다.

그대는 벌나비 연꽃

시인 박성진

물 위에 떠 있어 신비로운 연꽃,
그대 자태여,
연꽃이라 부르리라.

벤치에 앉아 바라보면 고요한 심사心思,
향기를 뿜어내는 그대를
연꽃이라 부르리라.

아름다운 순간마다
찰카닥! 찰카닥!

누르는 셔터마다 추억을 담아낸다.

오대양 육대주를 누비는
여인의 인생길,
오늘은
두물머리,
남한강과 북한강이 만나는 연꽃,
연밭이 펼쳐지는 곳,

비어있는 벤치도 우리를
'어서 오라' 손짓한다.

푸르른
연꽃들이 넘실거리는
남한강에서,
지순한 연꽃 되어,

활짝 핀 연꽃은 곱고,

정한 꽃,
진흙 속에 뿌리를 내려
줄기 관을 통하여
곧추세운 연꽃,
심오하고 놀라워라.

뿌리에 고통마저 털어버린
순결한 꽃,
흙을 뚫고 올라온 연꽃,
그대는 바람의 꽃,
그대는 '벌나비 연꽃'이라.

■
문학평론가 청람 김왕식

박성진 시인의 '그대는 벌나비 연꽃'은 연꽃을 통해 배선희 여행 작가를 찬미하는 시이다. 시는 자연 속의 연꽃과 작가의 삶을 교차하며 아름다움과 고결함을 예찬한다.

"물 위에 떠 있어 신비로운 연꽃, 그대 자태여, 연꽃이라 부르리라."

첫 행은 연꽃의 신비로움과 아름다움을 강조한다. 물 위에 떠 있는 연꽃은 비현실적이면서도 자연의 일부로 자리 잡은 모습을 통해, 그대 즉 배선희 시인의 자태를 연꽃에 비유한다. 연꽃이 가진 신비로운 매력은 작가의 고결한 자태를 연상시키며, 그대를 '연꽃'이라 부르겠다는 결심을 드러낸다.

"벤치에 앉아 바라보면 고요한 심사心思, 향기를 뿜어내는 그대를 연꽃이라 부르리라."
여기서는 연꽃을 바라보며 마음의 평온함을 느끼는 모습을 묘사한다. 벤치에 앉아 고요한 마음으로 연꽃을 바라보는 행위는 작가가 그대를 바라보는 방식과도 같다. 향기를 뿜어내는 연꽃은 그대가 주변에 긍정적 영향을 미치는 존재임을 나타내며, 다시 한 번 연꽃에 비유한다.

"아름다운 순간마다 찰카닥! 찰카닥! 누르는 셔터마다 추억을 담아낸다."

사진을 찍는 소리 '찰카닥'을 통해 아름다운 순간을 포착하는 행위를 시각적으로 표현한다.
이는 여행 작가로서의 배선희 시인이 아름다운 순간을 기억하고 기록하는 과정을 묘사한 것이다. 순간마다 셔터를 누르는 행위는 추억을 담아내는 과정과 연결되며,

페이지 배선희 작가의 작업을 연꽃의 아름다움을 담는 것으로 은유한다.
"오대양 육대주를 누비는 여인의 인생길, 오늘은 두물머리, 남한강과 북한강이 만나는 연꽃, 연밭이 펼쳐지는 곳, 비어있는 벤치도 우리를 '어서 오라' 손짓한다."
세계 곳곳을 여행하는 여인의 인생을 오대양 육대주로 비유하며, 오늘은 두물머리에서 연꽃을 감상하는 순간을 묘사한다. 남한강과 북한강이 만나는 두물머리의 연꽃은 상징적인 의미가 있다.

여기서 연꽃은 배선희 시인의 인생 여정을 상징하며, 빈 벤치는 새로운 여정을 시작하도록 초대하는 역할을 한다.

"푸르른 연꽃들이 넘실거리는 남한강에서, 지순한 연꽃 되어, 활짝 핀 연꽃은 곱고, 정한 꽃, 진흙 속에 뿌리를 내려 줄기관을 통하여 곧추세운 연꽃, 심오하고 놀라워라."

남한강에서 넘실거리는 푸른 연꽃들은 자연의 생명력을 상징하며, 지순한 연꽃은 고결한 순수성을 나타낸다. 활짝 핀 연꽃의 고움과 정한 아름다움은 연꽃의 생명력과 고귀함을 상징한다. 진흙 속에 뿌리를 내린 연꽃은 어려움 속에서도 꿋꿋이 자라난 존재의 아름다움을 나타내며, 이는 시인의 삶과 연결된다.

"뿌리에 고통마저 털어버린 순결한 꽃, 진흙을 뚫고 올라온 연꽃, 그대는 바람의 꽃, 그대는 '벌나비 연꽃'이라."

연꽃이 진흙 속에서 자라나 순결한 꽃으로 피어나는 모습은 고통을 이겨내고 피어나는 순수함을 상징한다. 이러한 연꽃은 '바람의 꽃'으로, 역경을 이겨내고 자유롭게 피어나는 존재를 나타낸다. 마지막으로, 연꽃을 '벌나비 연꽃'으로 부르며, 자연 속에서 아름다움과 생명력을 동시에 지닌 존재로 찬미한다.

이 시는 자연과 인간의 삶을 교차하며 비유적으로 표현

하는 것이 특징이다. 연꽃의 다양한 면모를 통해 배선희 작가의 삶과 성격을 비유적으로 묘사하며, 섬세한 묘사와 은유를 사용하여 감정을 전달한다. 자연에 대한 찬미와 인간의 고결함을 동시에 담아내는 시적 표현이 돋보인다.

박성진 시인의 '그대는 벌나비 연꽃'은 연꽃을 통해 배선희 여행 작가의 고귀한 자태와 인생을 예찬하는 작품이다. 시인은 자연과 인간을 교차하며 섬세한 묘사와 은유를 통해 감정을 전달하고 있다. 연꽃의 다양한 모습과 작가의 삶을 연결하여, 자연 속의 아름다움과 인간의 고귀함을 동시에 담아내고 있다.

전체적으로 시의 아름다움과 깊이를 잘 나타내고 있다. 이는 독자에게 자연의 아름다움과 인간의 고귀함을 동시에 느끼게 하는 매력적인 작품이다.

박성진 시인님께, 그리고 배선희 작가님께,

'그대는 벌나비 연꽃'이라는 시를 읽으며 마음 깊은 곳에서부터 진한 감동이 밀려왔습니다. 시인님의 글은 자연과 인간의 경계를 허물고, 연꽃을 통해 그리려 한 배선희 작가님의 인생과 아름다움을 시각적으로, 그리고 감성적으로 환기하게 시킵니다. 마치 물 위에 떠 있는 연꽃처럼, 시는 우리를 그 고요하고도 신비로운 세계로 초대하며, 연꽃을 통해 바라본 인생의 의미와 가치에 대해 생각해 보게 합니다.

박성진 시인님의 시는 한 편의 아름다운 그림과 같습니다. 단순히 연꽃의 형상만이 아니라 그 속에 깃든 생명력과 고귀함을 어루만지며, 이를 배선희 작가님의 삶과 조화롭게 엮어내고 있습니다. 진흙 속에서 피어난 연꽃의 순결함, 그리고 그 연꽃이 지닌 강인함과 유연함을 통해, 작가님의 인생을 '벌나비 연꽃'에 비유한 부분에서는 그 안에 담긴 깊은 존경과 애정을 느낄 수 있었습니다. 이 시는 단순한 찬미를 넘어, 연꽃이라는 자연의 매개체를 통해 한 인간의 여정을 진심 어린 마음으로 담아낸 헌정의 시입니다.

또한, 시를 통해 배선희 작가님께서 걸어온 길의 아름다움과 그 고유한 가치에 대한 성찰을 할 수 있었습니다. 오대양 육대주를 누비며 경험한 작가님의 모든 순간과 그 순간들이 모여 만들어낸 '벌나비 연꽃'의 모습은, 이 세상을 밝히는 빛과도 같습니다. 그 빛은 주변에 긍정적이고 따뜻한 영향을 미치며, 시인님께서 강조하신 것처럼, 누구나 그 빛을 향해 손짓하게 만드는 힘을 지니고 있습니다.

이렇듯 두 분의 인생을 엮어낸 시를 읽으며, 우리는 서로 다른 두 예술가가 어떻게 자연 속에서, 그리고 서로의 작품 속에서 교감하고 있는지 느낄 수 있습니다. 시가 전하는 메시지와 감명이 깊어질수록, 그것은 단순히 두 사람의 이야기를 넘어 우리 모두의 삶에도 적용될 수 있는 보편적 아름다움과 진리를 담고 있다고 느껴집니다.

박성진 시인님, 이 시를 통해 배선희 작가님께 보내신 존경과 사랑이 너무도 진솔하게 다가왔습니다. 그리고 배선희 작가님, 시를 통해 드러난 작가님의 삶의 이야기가 얼마나 풍부하고 아름다운지 느낄 수 있었습니다. 두 분 모두에게 감사드리며, 앞으로도 계속해서 우리의 마음을 울리는 예술과 이야기를 들려주시길 바랍니다.

꽃을 심는 손길

시인 이옥희

섬섬옥수纖纖玉手, 가녀린 손에 씨앗이 깃들고,
그 손끝에서 피어난 꽃들은
새 생명처럼 눈부시게 세상을 물들인다.

그녀의 손길은 섬세하고, 이목구비는 선명하여
한복을 걸치면 마치 영국의 여왕처럼 우아하다.
웃음은 온 세상에 축복이 되어 퍼지고,
그 미소는 마치 햇볕처럼 따스하게 감싼다.

그녀가 머무는 자리마다

꽃들이 자태를 뽐내며 피어나고,
그 향기는 그녀의 흠모자들 마음속에
영원히 남는다.

배선희, 당신의 존재가
그 자체로 한 폭의 그림이요, 시이다.

■
문학평론가 청람 김왕식

이옥희 시인의 삶은 자연과 인간의 조화를 통해 세상을 아름답게 바라보고, 그 속에서 미적 가치를 찾는 깊이 있는 철학적 성찰로 가득 차 있다.
그녀는 일상 속에 깃든 작은 생명과 그 생명의 순환을 예민하게 감지하며, 이를 통해 자신의 작품 세계를 구축해 왔다.

시 속에서 표현된 섬세한 손길과 자연의 생명력은 작가의 삶에서 드러난 자연과 깊은 연대감, 그리고 그 속에서 찾은 고유한 미학을 반영한다. 특히, 자연의 순환적 생명력에 대한 시인의 경외감은 그녀의 시 전반에서 중요한 주제 의식으로 자리잡고 있다.

"섬섬옥수纖纖玉手, 가녀린 손에 씨앗이 깃들고, / 그 손끝에서 피어난 꽃들은 / 새 생명처럼 눈부시게 세상을 물들인다."

이 첫 행에서는 시인의 손끝에서 시작되는 생명의 순환이 강조된다. "섬섬옥수纖纖玉手"는 단순히 아름다운 손의 모습이 아니라, 섬세하고 조심스러운 손길이 자연을 다루는 방식을 상징한다. 시인의 손은 단순한 육체적 도구가 아니라, 생명을 심고 키우는 신성한 매개체로 비유된다. 씨앗은 그 자체로 새로운 시작을 상징하며, 이를 통해 자연의 창조적인 힘이 발현된다.

이 표현은 시인이 자연과 하나가 되어 그 생명의 신비를 존중하고 있음을 나타낸다. 또한, "눈부시게 세상을 물들인다"라는 표현에서 생명력의 아름다움이 단지 시적인 이미지로 그치지 않고, 현실 세계를 변화시키는 힘을 지니고 있음을 암시한다.

"그녀의 손길은 섬세하고, 이목구비는 선명하여 / 한복을 걸치면 마치 영국의 여왕처럼 우아하다."

이 구절은 시인이 바라보는 이상적인 인간상을 표현한다. 특히 시인이 묘사하는 여성의 모습은 단순히 외적인 아름다움을 넘어선 존재감을 내포하고 있다. "섬세한 손길"과 "선명한 이목구비"는 자연스러우면서도 조화로운 아름다움을 상징한다.

시인의 시각에서, 이러한 우아함은 전통적인 미적 기준을 넘어 현대적인 미학적 감각으로 발전된 것이다. 또한 "영국의 여왕"이라는 비유는 전통과 우아함을 상징하며, 시인이 생각하는 고귀한 미학과 존엄성을 드러낸다.

"웃음은 온 세상에 축복이 되어 퍼지고, / 그 미소는 마치 햇볕처럼 따스하게 감싼다."

여기서는 시인의 미소와 웃음이 세계에 퍼져나가는 과정이 묘사된다. 웃음과 미소는 단순한 감정의 표현이 아닌, 주위 사람들과 세상을 따뜻하게 감싸는 힘으로 그려진다. 특히 "햇볕처럼 따스하게"라는 구절은 시인이 자연의 긍정적인 에너지를 상징적으로 사용한 것이다. 이는 시인이 세상을 대하는 태도가 따뜻하고 긍정적이며,

그녀의 존재가 주위에 기쁨과 평화를 가져다주는 역할을 한다는 메시지를 전달한다.

"그녀가 머무는 자리마다 / 꽃들이 자태를 뽐내며 피어나고, / 그 향기는 그녀의 흠모자들 마음속에 / 영원히 남는다."

시의 후반부에서는 시인의 존재가 세상에 미치는 영향을 구체적으로 설명한다. 시인이 머무는 자리는 단지 공간적인 의미를 넘어서, 그녀의 삶의 발자취와 그녀가 남긴 흔적을 의미한다.

"꽃들이 자태를 뽐내며"라는 시인이 창조한 아름다움이 지속적으로 세상에 남아 있다는 것을 상징하며, 그녀의 존재가 자연과 융합되어 그 자리에 새 생명과 아름다움을 불어넣는다고 해석할 수 있다. "향기"는 단순히 감각적인 요소가 아닌, 그녀의 철학과 정신, 그리고 인간적인 가치가 오랜 시간 동안 남아 사람들의 마음속에 자리 잡는 것을 상징한다.

이 시는 감정적인 표현과 이미지의 중요성이 두드러진다.
시인은 "섬섬옥수纖纖玉手", "눈부시게", "영국의 여왕", "햇살"과 같은 감각적인 이미지들을 통해 독자가 시각적으로 그리고 감성적으로 시를 이해하도록 유도한다. 이러한 이미지는 시적 대상에 대한 시인의 흠모와 존경을 더욱 두드러지게 하며, 시 전체에 걸쳐 아름다움과 우아함이라는 주제를 감각적으로 드러낸다.

시 속의 이미지는 단순한 묘사가 아니라, 시인이 품은 이상적인 가치관과 철학을 시각적으로 전달하는 도구로 기능한다.

이옥희 시인의 철학은 자연의 순환, 인간과 자연의 조화, 그리고 내면적 아름다움에 대한 경외감에서 출발한다. 그녀는 삶의 아름다움을 자연에서 발견하며, 그 속에서 인간이 자연과 공존하며 살아가야 하는 이유를 찾는다. 시의 주제는 단순한 외적인 아름다움을 넘어서, 내면의 아름다움과 자연스러운 삶의 순환을 강조한다.

이 시에서 배선희 시인의 존재는 바로 이러한 가치의 구현체로서 그려진다. 그녀의 손끝에서 시작된 생명의 순환은 시인의 자연에 대한 존중과 경외감을 반영하며, 이를 통해 삶의 아름다움을 시각적으로 그리고 철학적으로 전달한다.

이옥희 시인의 "꽃을 심는 손길"은 단순한 인물에 대한 묘사를 넘어, 자연과 인간, 그리고 아름다움의 순환적 관계를 다룬 시이다. 시인은 섬세한 언어와 풍부한 감각적 이미지를 통해 배선희 시인을 마치 자연의 일부인 것처럼 그려내며, 그녀의 존재가 세상에 미치는 긍정적인 영향력을 부각하게 시킨다.

시의 각 구절은 단순히 외형적인 아름다움에 대한 찬사가 아니라, 내면의 깊은 철학과 가치가 녹아든 찬미이다. 또한, 시인의 표현은 절제된 가운데서도 생명의 신비로움과 인간의 고귀함을 동시에 전달하는 데 성공한다.

이 시는 단순한 시각적 아름다움을 넘어서, 인간과 자연의 본질적인 관계와 그 속에서 피어나는 생명의 경이로움을 찬양하는 작품이다.

존경하는 이옥희 시인님과 배선희 시인님께,

안녕하세요. 귀한 시간을 내어 이 글을 읽어 주시길 부탁드립니다. 저는 두 분의 시를 접하고 깊은 감동과 깨달음을 얻은 한 독자입니다. 오늘 이렇게 서신을 통해 두 분께 감사와 존경의 마음을 전하게 되어 매우 기쁩니다. 이 글을 통해 두 시인님이 저에게 주신 울림을 담아내고자 합니다.

먼저, 이옥희 시인님의 시 "꽃을 심는 손길"을 읽으면서 자연과 인간, 그리고 그 둘의 조화에 대해 다시 한 번 깊이 생각하게 되었습니다. 시에서 묘사된 배선희 시인님의 섬세한 손길과 그 속에서 피어나는 생명은 마치 세상 그 자체가 시인님들의 손끝에서 태어나는 것처럼 느껴졌습니다. 시 속에서 꽃이 피어나고, 그 향기가 주변을 감싸며 영원히 남는다는 구절은 삶의 아름다움과 그 속에 담긴 깊은 의미를 떠올리게 합니다.

이옥희 시인님은 단순한 시적 묘사 이상의 깊은 철학적 성찰을 통해, 자연과 인간이 서로를 이해하고 공존해야 한다는 메시지를 전하고 있습니다. 손끝에서 꽃을 피우는 섬세한 손길은 단지 외형적인 아름다움을 넘어, 내면의 고귀함과 자연의 경이로움을 표현하고 있습니다. 저는 이 시를 통해 자연이 주는 생명력과 그 생명을 존중하며 가꾸는 인간의 역할에 대해 다시 한 번 깨달았습니다.
시인의 시선으로 본 배선희 시인님은 단순한 예술가 이상의 존재로, 그녀의 손길 하나하나가 새로운 생명을 불어넣고, 그 존재 자체로 세상을 밝게 만든다고 느껴졌습니다.

배선희 시인님께도 깊은 감사의 마음을 전하고 싶습니다. 시인님의 삶과 작품이 이옥희 시인님의 시를 통해 이렇게 아름답게 그려졌다는 것은, 그만큼 배선희 시인님께서 사람들에게 많은 영감을 주는 분임을 의미한다고 생각합니다. 시 속에서 한복을 입고 우아하게 빛나는 모습은, 단순한 외적인 아름다움이 아니라 내면의 강인함과 자연을 사랑하는 마음을 상징하는 것이라고 느꼈습니다. 특히 시에서 시인님의 미소가 햇볕처럼 따스하게 세상을 감싸는 모습은, 저 또한 그 따뜻함을 통해 위로받고 희망을 얻는 순간이었습니다.

두 분 시인님께서 함께 나누시는 문학적 교감은 저를 비롯한 독자들에게 큰 영감을 주고 있습니다. 이옥희 시인님의 시를 통해 배선희 시인님의 존재를 새롭게 발견하게 되었고, 그 속에서 자연을 대하는 태도와 인간의 내면을 돌아보게 되었습니다. 시인님들의 작품은 단순한 문학적 아름다움뿐만 아니라, 우리에게 삶의 본질에 대한 깊은 사유를 선사하고 있습니다.

제가 이 글을 쓰며 감히 두 시인님께 말씀드리고 싶은 것은, 두 분의 시와 삶이 저를 포함한 많은 이들에게 큰 울림과 영향을 주고 있다는 점입니다. 시 속에서 꽃을 심고 그 꽃이 피어나듯, 시인님들의 작품은 저희의 마음 속에도 씨앗을 심고 그 씨앗이 자라도록 도와주고 있습니다. 두 분의 시를 통해 우리가 더욱더 자연과 가까워지고, 그 속에서 삶의 가치를 찾을 수 있다는 사실에 감사드립니다.

저는 두 시인님께서 앞으로도 계속해서 이러한 문학적 여정을 이어나가 주시기를 간절히 바랍니다. 두 분의 작품이 계속해서 우리에게 생명의 순환과 자연의 아름다움을 일깨워 주리라 믿습니다. 그리고 그 과정에서 두 시인님께서도 더 많은 영감과 기쁨을 발견하시기를 바랍니다.

끝으로, 두 분의 작품이 저와 같은 독자들에게 어떤 의미를 지니고 있는지 다시 한 번 말씀드리고 싶습니다. 시인님들의 시는 단지 글자와 문장으로만 이루어진 것이 아닙니다. 그것은 우리 마음속에 심어지는 씨앗이고, 그 씨앗이 자라 꽃을 피우며 우리 삶을 더욱 아름답게 만들어주고 있습니다. 저는 이 시를 통해 자연과의 조화, 삶의 아름다움, 그리고 인간의 내면적 성숙에 대해 다시 한 번 깊이 생각하게 되었습니다.

두 시인님께 진심으로 감사드리며, 앞으로도 많은 영감과 가르침을 주시길 소망합니다.

길

배선희 작가 블로그
1천만 뷰 돌파기념 축시

신석 조경민

첫발을 내딛던 날 그 설렘
천만 뷰를 맞은 오늘
또
그러하다

그저 한 발 한 발
내디디고 걸었는데
저 멀리 그 끝이
아른거린다.

그 길 끝에 새로운 길
다시 열리겠지만
또 떠나갈지라도 길 끝에 설 날이
기다려진다.

세속의 인연이야.
만나면 헤어지지만
길들의 이어짐은
끊을 수 없었다

허기진 배 목마름은
돈 주고 해소했고
외로움과 쓸쓸함은
노정에 친구 있어 좋았다

그 많은 세월 속에
많은 사연 있었어도
친구를 만난 사연

그 보다 좋은 것 없었어라

이 모든 일 다 겪었으니
설렐 일 없으련만
배낭을 메는 아침
또 설렘에 길 나선다.

∎
문학평론가 청람 김왕식

이 시는 광주 국제문학관 조경민 관장이 '페이지의 세상만사'의 주인공 배선희 작가의 천만 뷰를 축하하면서 쓴 헌정시다.
배선희 작가는 일상 속에서의 특별함을 찾고, 그것을 통해 삶의 의미를 탐구하는 글쓰기를 지속해온 작가이다. 그녀의 블로그는 이미 천만 뷰를 돌파하며 많은 이들의 사랑을 받았고, 이는 그녀의 작품이 지닌 진솔함과 독창성에서 기인한다.

조경민 관장의 '길'이라는 시에서 그녀의 노정은 단순히 공간적 이동이 아니라 내면적 성찰의 과정임을 시사한다. 시는 그 길을 걷는 과정에서 만나는 다양한 경험과 감정, 그리고 인연에 대해 깊이 있게 다루며, 이는 독자에게 삶에 대한 새로운 관점을 제공한다.

"첫발을 내딛던 날 그 설렘 / 천만 뷰를 맞은 오늘 / 또 / 그러하다"

이 부분은 작가가 글을 시작했던 날의 설렘과 오늘날 천만 뷰라는 큰 성과를 맞이한 감정을 나란히 놓고 있다. '설렘'이라는 감정은 시작과 성과, 그 모든 순간에 여전히 살아있음을 강조한다. 글쓰기는 작가에게 단순한 작업이 아니라 끊임없는 새로운 출발의 연속임을 암시한다. 여기서 "또"라는 단어는 지속적인 움직임과 변화를 함축하고, 그 여정이 반복되더라도 매번 새로움을 맞이하는 자세를 드러낸다.

"그저 한 발 한 발 / 내디디고 걸었는데 / 저 멀리 그 끝이 / 아른거린다."

이 구절은 삶의 길을 걸어가는 과정을 묘사한다. 한 걸음 한 걸음 내딛는 행동은 인생의 단계를 차근차근 밟아 나가는 모습을 비유적으로 나타낸다. 여기서 '저 멀리 그 끝'은 작가가 목표로 하는 이상적 지점이자, 끝이 없는 노정을 암시한다. '아른거린다'라는 명확히 보이지 않지만 계속해서 다가가고자 하는 욕망을 표현하며, 이는 인간의 끊임없는 탐구와 성장을 반영한다.

"그 길 끝에 새로운 길 / 다시 열리겠지만 / 또 떠나갈지라도 길 끝에 설 날이 / 기다려진다." 여기서 시인은 하나의 목표를 달성하면 새로운 노정이 시작된다는 점을 시사한다. 이는 인생의 순환적 본질을 강조하며, 어떤 목표에 도달하더라도 새로운 도전과 탐색이 기다리고 있음을 의미한다. '기다려진다'라는 표현은 미래에 대한 긍정적 기대감을 나타내며, 새로운 시작과 도전에 대한 작가의 열정적인 태도를 보여준다.

"세속의 인연이야 / 만나면 헤어지지만 / 길들의 이어짐은 / 끊을 수 없었다" 이 부분은 인간관계의 유한성을 언급하면서도, 길이라는 메타포를 통해 경험과 여정의 연속성을 강조한다. 사람과의 만남과 이별은 필연적이지만, 삶의 여정에서 얻어지는 경험과 깨달음은 이어진다는 점을 드러낸다. 이는 물리적 관계와 정신적 경험의 차이를 환기하며, 인생의 본질적 의미를 찾는 시인의 깊은 통찰을 보여준다.

"허기진 배 목마름은 / 돈 주고 해소했고 / 외로움과 쓸쓸함은 / 노정에 친구 있어 좋았다" 이 구절에서는 물질적 필요는 쉽게 채울 수 있지만, 정서적 결핍은 인간적인 관계를 통해서만 채워질 수 있음을 강조한다.
'노정에 친구'라는 표현은 여정에서의 동반자, 즉 정신적 교감을 나눌 수 있는 존재의 중요성을 부각한다. 이는 작가가 삶의 여정에서 인간관계를 통해 얻는 위안을 강조하며, 사람과의 교감이 그 무엇보다 가치 있다는 시인의 철학을 드러낸다.

"그 많은 세월 속에 / 많은 사연 있었어도 / 친구를 만난 사연 / 그보다 좋은 것 없었어라" 여기서는 삶의 여러 경험 중에서도 사람과의 만남과 그로부터 비롯된 사연이 가장 값지다는 점을 역설한다. 수많은 사연이 있었음에도, 그 중의 가장 의미 있는 것은 친구와의 관계에서 비롯된 것이었음을 시인은 강조한다. 이는 인간관계의 소중함을 다시 한번 상기시키며, 시인의 인생관이 잘 드러나는 부분이다.

"이 모든 일 다 겪었으니 / 설렐 일 없으련만 / 배낭을 메는 아침 / 또 설렘에 길 나선다." 마지막 부분에서 시인은 모든 것을 겪었음에도 새로운 시작 앞에서 여전히 설렘을 느낀다.

이는 무한히 반복되는 일상 속에서도 새로운 감정과 기대를 할 수 있는 인간의 본성을 잘 나타낸다. '배낭을 메는 아침'은 새로운 도전과 모험을 준비하는 순간을 상징하며, 이는 삶의 활력과 희망을 불러일으킨다. 조경민 관장이 배선희 작가의 천만 뷰를 기념하며 헌정한 이 시는 단순히 글쓰기의 성과를 축하하는 데 그치지 않고, 작가의 삶과 철학을 조명한다.

시는 '길'이라는 메타포를 통해 인생의 여정을 그리고,

그 과정에서 만나는 다양한 경험과 감정, 그리고 인연의 의미를 다층적으로 탐구한다. 각 행은 단순한 묘사를 넘어, 그 속에 담긴 철학적 메시지를 전달하며, 독자에게 삶에 대한 깊은 통찰을 제공한다.

이 시는 형식적으로도 반복되는 구조와 리듬을 통해 노정의 지속성과 변화를 효과적으로 표현하고 있으며, 감성적 측면에서도 독자의 마음에 잔잔한 울림을 준다. 또한, 시인은 인생의 다양한 모습 속에서 여전히 설렘과 기대를 품고 나아가는 인간의 본성을 긍정적으로 바라보며, 삶의 가치와 철학을 제시한다. 이러한 점에서 매우 독창적이며 깊이 있는 작품으로 평가될 수 있다.

배선희 작가님과 조경민 관장님께,

안녕하세요. 두 분의 글과 헌정시를 읽으며 깊은 감동한 독자로서, 감사와 찬사의 마음을 전하고자 이 글을 씁니다. 두 분의 문학적 만남과 그로부터 피어나는 깊은 교감은 그 자체로 큰 감동을 주었고, 문학이 어떻게 사람과 사람을 연결하고, 삶의 의미를 나누는지 다시금 느낄 수 있었습니다.

먼저, 배선희 작가님께 깊은 감사의 말씀을 드립니다. 작가님은 일상의 순간에서 특별함을 발견하고, 그 속에 담긴 삶의 의미와 가치를 독자들과 나누어 왔습니다. 작가님의 글을 읽으며 느꼈던 위로와 울림은, 많은 이들에게도 분명히 같은 감동을 주었을 것입니다. 작가님의 글 속에서는 항상 사람에 대한 따뜻한 시선과, 삶을 향한 긍정적인 태도가 깃들어 있었습니다. 그것은 독자에게 자신을 돌아보고, 새로운 힘을 얻게 하는 큰 힘이었습니다. 천만 뷰를 돌파한 것은 단순한 숫자 이상의 의미가 있습니다.
그것은 그만큼 많은 사람이 작가님의 글을 통해 위로받고, 용기를 얻었으며, 더 나은 삶을 향해 나아가고 있다는 증거입니다. 진심으로 축하드리며, 앞으로도 계속해서 저희에게 큰 영감을 주시기를 바랍니다.

그리고 조경민 관장님, 배선희 작가님을 위해 쓰신 헌정시 '길'을 읽고 큰 감동하였습니다. 이 시는 단순히 한 작가의 성취를 축하하는 것을 넘어, 그분이 걸어온 길과 그 길에서 마주한 수많은 인연과 경험들을 따뜻하게 그려내고 있습니다.
"첫발을 내딛던 날 그 설렘, 천만 뷰를 맞은 오늘 또 그러하다"라는 구절은 처음 글을 시작할 때의 그 두근거림과 오늘날의 성취가 다르지 않음을 이야기합니다. 이는 배선희 작가님이 글을 쓸 때마다 매번 새로움과 설렘을 느끼며 진정성을 담아왔다는 것을 관장님께서 잘 이해하고 계신다는 것을 보여줍니다.

또한, "그저 한 발 한 발 내디디고 걸었는데 저 멀리 그 끝이 아른거린다"라는 구절에서는 작가님께서 걸어온 길이 결코 쉬운 여정이 아니었음을 느낄 수 있었습니다. 하지만 그 길의 끝에는 또 다른 길이 열리고, 그 끝을 향해 나아가는 노정은 계속될 것이라는 시의 메시지는 우리 모두에게 큰 힘이 됩니다.
관장님께서 시를 통해 배선희 작가님의 삶과 철학을 깊이 존중하고 이해하고 계신다는 점이 독자에게도 진정성 있게 다가왔습니다.

관장님께서 말씀하신 "세속의 인연이야 만나면 헤어지지만, 길들의 이어짐은 끊을 수 없었다"라는 구절은 특히 인상 깊었습니다. 이 구절은 우리에게 사람과의 인연과 더불어 삶의 노정에서 경험이 어떻게 끊임없이 이어지는지를 상기시켜줍니다.
배선희 작가님의 글에서도 그러한 여정의 연속성과 그 안에서의 인간적 교감이 중요하게 다뤄졌음을 알고 있습니다. 이 시를 통해 조경민 관장님께서도 그러한 부분을 섬세하게 짚어내고, 작가님의 삶의 철학을 존중하며 공감하고 있음을 느낄 수 있었습니다.

또한, "허기진 배 목마름은 돈 주고 해소했고 외로움과 쓸쓸함은 노정에 친구 있어 좋았다"라는 구절에서 물질적 결핍과 정서적 결핍의 차이를 명확히 보여주셨습니다. 이는 배선희 작가님께서 작품에서 늘 강조해 오신 '인간적인 교감'과 '동반자의 중요성'을 다시 한번 떠올리게 하는 부분이었습니다.

삶의 여정에서 진정한 위로와 힘이 되는 것은 사람과 사람 사이의 관계임을 두 분 모두의 글에서 깊이 느낄 수 있었습니다.

마지막으로, "이 모든 일 다 겪었으니 설렐 일 없으련만 배낭을 메는 아침 또 설렘에 길 나선다"라는 시구는 배선희 작가님의 강한 생명력과 도전 정신을 가장 잘 보여주는 대목이었습니다. 모든 것을 겪었음에도 여전히 새로움을 향한 설렘을 품고 길을 떠나는 모습은 우리에게 큰 교훈을 줍니다. 관장님께서 이러한 작가님의 삶의 태도를 섬세한 언어로 표현해주신 것에 깊이 감사드립니다.

두 분의 문학적 교감은 단순한 찬사 이상의 의미를 지닙니다. 배선희 작가님의 글을 통해 많은 이들이 삶의 의미와 가치를 되새기고, 조경민 관장님의 시를 통해 그 길을 걸어가는 용기와 힘을 얻었습니다. 두 분이 만들어 가신 문학적 만남은 많은 독자에게 큰 영감을 주었고, 앞으로도 더욱더 많은 이들에게 전해지기를 바랍니다.

화초 바보

시인 정향수

봄이 오면,
장독대 위 하얀 옥매화,
진분홍 대나물꽃이 피어나고,
내 정원엔 작은 들꽃들까지 심어가네.
그리움에 나무를 심고,
보고픔에 들꽃을 키우네.

봄을 맞이하고,
꽃을 맞이하며,
마침내 임을 맞이하리.

기다림이 가장 큰 행복이라던,
당신의 말이 가슴에 새겨진다.

수십 번 지나온
봄, 여름, 가을, 겨울,
모든 인연과 추억들이
정원 가득 차곡차곡 쌓여가네.

화초 바보,
한때는 나를 놀리던 별명,
이제는 내가 되었나.

심어도 심어도
사랑스럽고 애틋한 꽃들,
마치 엄마의 모시이불 위
그려낸 보랏빛 들국화처럼.

■
문학평론가 청람 김왕식

정향수 시인은 자연과 인연, 그리움과 보고 싶음이라는 주제를 시로 풀어내는 독창적인 작가이다. 그의 시 「화초 바보」는 단순한 자연의 묘사에 그치지 않고, 인생의 깊은 감정적 흐름을 섬세하게 담아내며, 시간의 축적을 통해 한 사람에 대한 애정과 존경심을 드러낸다.

특히 이 시는 배선희 시인을 향한 헌정시로, 그 속에는 시인이 느끼는 존경과 흠모가 은유적으로 표현되어 있다. 자연 속에서 시인은 자신의 감정을 투영하고, 그 안에서 피어나는 감정들이 삶을 더욱더 풍요롭게 한다는 점을 강조한다.

정향수 시인의 삶을 통해 볼 때, 그는 꽃과 나무, 그리고 자연 속에서 많은 위로와 깨달음을 얻는 인물이다.

이는 시를 통해 명백히 드러나며, 그의 세계관은 기다림과 성장, 그리고 인연에 대한 깊은 성찰에 바탕을 두고 있다. 시인은 자연을 매개로 하여 인간의 감정을 탐구하며, 그 속에서 스스로의 존재를 재확인하는 과정을 보여준다.

"봄이 오면,
장독대 위 하얀 옥매화,
진분홍 대나물꽃이 피어나고,"

봄이란 계절은 자연의 생명력과 새로운 시작을 상징한다. 시인은 옥매화와 대나물꽃이라는 구체적인 식물을 통해 봄의 도래를 알리며, 자연의 변화를 감정적으로 받아들이고 있다.
옥매화의 하얀 색은 순수함을, 진분홍 대나물꽃은 강렬한 생명력과 희망을 상징한다. 이러한 자연의 모습 속에서 시인은 자신의 감정을 투영하며, 생명의 피어남과 함께 자신의 감정도 차오르는 것을 느낀다.

"내 정원엔 작은 들꽃들까지 심어가네."

정원은 시인의 내면을 상징하며, 그 안에 심어지는 들꽃들은 그의 인연과 추억, 그리고 소중한 감정들을 의미한다.
들꽃은 일상 속에서 발견할 수 있는 소박한 아름다움을 상징하며, 시인은 그것을 심고 가꾸는 행위를 통해 자신의 삶을 돌보고 있음을 나타낸다. 이는 시인이 소중히 여기는 모든 것들이 단순히 과거의 기억이 아닌, 현재의 삶 속에서 지속적으로 가꾸어 나가야 할 중요한 것들임을 의미한다.

"그리움에 나무를 심고,
보고픔에 들꽃을 키우네."

여기서 나무와 들꽃은 그리움과 보고픔이라는 감정과 연결된다. 시인은 그리운 마음에 나무를 심고, 보고 싶은 마음에 들꽃을 키운다. 나무는 오랜 기억을, 들꽃은 새롭게 피어나는 소망을 상징한다. 시인의 마음속에서 그리움과 보고픔은 단순히 사라지지 않고, 오히려 자연의 일부로 변모하여 그의 삶 속에서 계속 자라난다.

"봄을 맞이하고,
꽃을 맞이하며,
마침내 임을 맞이하리."
봄과 꽃은 시인이 기다리는 임을 상징하며, 그를 맞이하는 기쁨과 설렘을 은유적으로 표현한 부분이다. 시인은 봄과 꽃을 맞이하는 행위를 통해 궁극적으로 임을 기다리고 있으며, 그 기다림의 끝에 찾아올 재회를 희망한다. 이 구절은 기다림 속에서도 기쁨을 느끼는 시인의 긍정적인 태도를 보여준다.

"기다림이 가장 큰 행복이라던,
당신의 말이 가슴에 새겨진다."

기다림 속에서 행복을 찾는다는 사상은 시인의 철학을 나타낸다. 여기서 '당신'은 임을 상징하며, 그가 말한 기다림의 가치가 시인에게 깊은 인상을 남긴다. 시인은 기다림이 단순히 고통이 아니라, 그 자체로도 충분히 큰 행복임을 깨닫는다. 이는 기다림의 과정 속에서 삶의 의미와 기쁨을 찾고자 하는 시인의 태도를 보여준다.

"수십 번 지나온
봄, 여름, 가을, 겨울,
모든 인연과 추억들이
정원 가득 차곡차곡 쌓여가네."

여기에서 시인은 계절의 순환을 통해 삶 속의 인연과 추억을 축적하는 과정을 묘사한다. 봄, 여름, 가을, 겨울은 단순한 시간의 흐름이 아니라, 시인이 경험한 모든 관계와 기억을 상징한다. 그 기억들은 시인의 정원에 차곡차곡 쌓여가며, 시간이 흐를수록 시인의 삶을 더욱 풍요롭게 만들어 준다. 이는 시인의 삶 속에서 인연과 추억이 얼마나 중요한 역할을 하는지 보여준다.

"화초바보,
한때는 나를 놀리던 별명, 이제는 내가 되었나."

'화초바보'라는 별명은 시인이 한때 조롱받았던 이름이다. 그러나 이제 시인은 그 별명을 받아들이고, 그것이 자신의 정체성이 되었음을 자각한다.

이는 시인이 자신의 약점이나 타인에게서 조롱받았던 부분을 어떻게 극복하고 수용했는지 보여주는 중요한 부분이다. 이제 그는 그 별명이 자신을 완전히 정의하는 것이 아니라, 오히려 그 속에서 새로운 의미를 발견하게 된다.
"심어도 심어도
사랑스럽고 애틋한 꽃들,
마치 엄마의 모시이불 위 그려낸 보랏빛 들국화처럼."

이 구절은 시인이 자신의 삶 속에서 심어가고 있는 사랑과 애정을 꽃으로 표현한 부분이다. 특히 '엄마의 모시이불'이라는 이미지는 따뜻함과 그리움을 상징하며, 가족적인 감성을 자아낸다. 모시이불 위의 보랏빛 들국화는 시인의 어린 시절의 기억을 상기시키며, 그의 감정적 뿌리를 자연과 연결시킨다. 이는 시인의 삶 속에서 가족과 추억이 얼마나 큰 의미를 지니고 있는지를 보여준다.

정향수 시인의 시 「화초바보」는 단순한 자연의 묘사를 넘어선 인생과 감정의 깊은 성찰을 담고 있다. 시인은 자연과 인연, 그리움과 보고픔이라는 주제를 섬세하게 풀어내며, 자신의 삶 속에서 느끼는 감정을 자연과 연결시켜 표현한다.

특히 화초라는 소재는 시인의 정체성과 감정적 동반자로서 중요한 역할을 한다. 시는 시간의 흐름 속에서 쌓이는 인연과 추억을 통해 삶이 더욱 풍요로워짐을 강조하며, 그 속에서 시인은 스스로를 돌아보고, 자신의 삶을 되새긴다.

이 시는 감성적인 측면에서 대단히 섬세하며, 자연 속에서 피어나는 인간의 감정을 유기적으로 연결시키는 점이 돋보인다. 시인의 가치철학은 기다림과 인연의 중요성을 강조하며, 그 과정에서 스스로의 존재를 발견하고 재확인하는 과정을 보여준다. 「화초바보」는 시인의 내면세계와 삶의 철학을 담아낸 시로, 그 감정의 깊이와 자연과의 조화가 아름답게 드러난다.

■
정향수 시인님께,

오늘 저는 정향수 시인의 「화초바보」라는 시를 읽으며 많은 감동과 깨달음을 얻었습니다. 이 시는 단순히 자연을 묘사하는 시가 아니었습니다. 그 속에 깊게 숨겨진 시인의 감정, 그리고 배선희 시인에 대한 깊은 존경과 흠모가 은유적으로 담겨 있다는 것을 알게 되었을 때, 저는 시의 아름다움과 그 안에 깃든 철학에 큰 울림을 느꼈습니다.

시의 첫 구절에서 하얀 옥매화와 진분홍 대나물꽃을 통해 계절의 변화를 느끼면서도, 그것들이 단순한 꽃이 아니라 배선희 시인의 정신적 가치를 상징하는 꽃임을 깨달았을 때, 저는 시인의 감정을 자연을 통해 얼마나 섬세하게 전달하고 있는지에 감탄하지 않을 수 없었습니다. 시인의 내면에서 그리움과 보고픔이 나무와 들꽃으로 변모되어 피어나는 과정을 보며, 시인이 품은 존경과 애정을 은유적으로 드러내는 방식에 깊이 빠져들었습니다.

그 중에서도 가장 제 마음에 새겨진 것은 "기다림이 가장 큰 행복이라던, 당신의 말이 가슴에 새겨진다"는 구절이었습니다. 배선희 시인의 가르침이 정향수 시인에게 얼마나 큰 영향을 미쳤는지, 그 가르침이 단순한 말이 아닌 삶의 중요한 철학으로 자리 잡았음을 시의 흐름 속에서 명확히 느낄 수 있었습니다.
시인은 그 가르침을 자신의 삶에 깊이 내면화하였고, 저 역시 그 기다림 속에서 진정한 행복을 찾는다는 사상을 다시금 새기게 되었습니다.

또한, 반복적으로 등장하는 자연의 이미지들이 시인의 감정을 어떻게 더 풍부하게 만드는지에 감탄하였습니다. 정원 속의 작은 들꽃들이나 모시이불 위의 보랏빛 들국화는 단순한 자연의 모습이 아닌, 시인이 배선희 시인에게 바치는 마음의 상징임을 알아챘을 때, 저는 자연 속에서 피어나는 감정들이 얼마나 일상적이면서도 심오한 것인지를 깨닫게 되었습니다.

그리고 '화초바보'라는 별명에 담긴 깊은 의미를 깨닫고 나서는, 시인이 배선희 시인의 가르침을 받아들이고 그것을 자신의 삶 속에서 어떻게 승화시켰는지 더욱 잘 이해할 수 있었습니다.
시인이 한때 조롱받았던 그 별명을 이제는 스스로 받아들이고, 그 안에서 새로운 의미를 찾는 과정이 너무도 감동적이었습니다. 그 과정은 단순한 흠모의 차원을 넘어, 시인이 자신의 정체성을 재정의하는 여정이었고, 그 여정 속에서 저는 큰 교훈을 얻었습니다.

마지막으로, 시의 끝자락에서 '엄마의 모시이불 위'라는 구체적인 이미지 속에 담긴 감정이 제 마음을 깊이 울렸습니다. 시인이 자신의 개인적인 기억과 배선희 시인에 대한 존경심을 자연스럽게 엮어내며, 그 안에 담긴 진정성을 저에게 전달한 순간, 저는 시 속에서 자연과 인간의 감정이 어떻게 서로 얽혀 있는지를 더 깊이 느낄 수 있었습니다.

이 시를 통해, 저는 배선희 시인이 단순히 존경의 대상이 아닌, 정향수 시인의 삶 속에 깊이 뿌리내린 정신적 가치임을 알게 되었습니다. 배선희 시인의 가르침이 시인의 존재를 더욱 풍요롭게 만들었고, 저 역시 이 시를 통해 그 가르침의 영향력에 대해 깊이 공감하게 되었습니다.

시 속에서 흐르는 자연과 감정의 유기적인 연결성은 저에게 큰 감동을 주었고, 그 덕분에 제 삶 속에서도 자연과 인연이 얼마나 중요한지 다시금 되새기게 되었습니다.

이제 저는 이 시를 통해 얻은 교훈과 감동을 제 삶 속에서 꽃피울 것입니다. 배선희 시인의 철학과 가르침이 정향수 시인에게 그러했듯, 저 또한 그 가르침을 내면화하고, 자연 속에서 기다림의 아름다움을 발견하며, 제 삶을 더욱 풍요롭게 만들어가겠습니다.

발문

페이지 배선희 작가의 삶의 철학과 작품세계

문학평론가 청람 김왕식

삶의 철학과 가치

배선희 작가의 삶과 철학은 단순한 개인적 경험이나 감정의 나열을 넘어 인생의 본질을 진지하게 탐구하고 도의 정신을 추구하는 데 초점을 둔다. 그의 작품은 이러한 깊이 있는 고찰로부터 탄생하며, 그 안에는 삶의 근원적인 가치에 대한 진지한 성찰과 인간에 대한 따스한 사랑이 담겨 있다. 배선희 작가가 지향하는 삶의 방향은 진정성과 올곧음에 기초하며, 이는 작품에 고스란히 녹아든 미학적 가치로 표현된다. 그의 글 속에는 단순한 미적 즐거움을 넘어 삶의 본질에 대한 탐구가 담겨 있고, 그 탐구 속에서 피어나는 인간다움과 철학이 진솔하게 펼쳐진다.

배선희 작가는 삶을 편안한 안식처나 즐거움의 대상으로만 바라보지 않는다. 오히려 삶의 고통과 고뇌, 그리고 그 속에서 움트는 희망과 깨달음에 더 깊이 주목한다. 그의 작품에는 인간 존재의 본질에 대한 탐구가 깃들어 있고, 생의 희로애락이 솔직하게 그려져 있다. 삶의 어두운 면을 회피하거나 외면하지 않고, 오히려 그 안에서 발견되는 희망과 깨달음의 순간을 그려내는 것이 그의 작품의 특징이다. 배선희 작가는 사회와 개인이 조화롭게 공존하는 길을 모색하며, 인산 내면에 깃든 숭고한 가치를 발견하고 표현하는 데에 주저하지 않는다. 그의 글은 삶에 대한 단순한 미화나 표피적인 묘사가 아닌, 내면의 깊이를 향한 진정한 탐구의 과정으로 이뤄진다.

배선희 작가의 이러한 철학과 가치관은 그의 작품 전반에 깊은 울림을 전한다. 그의 글은 화려한 언어나 감각적인 표현보다는 진솔하고 담백한 문체로 이루어져 있으며, 이를 통해 독자들은 더 쉽게 작품에 몰입하고 공감할 수 있다. 그의 작품은 단순한 언어적 유희가 아닌 삶에 대한 진지한 고찰과 내면의 깨달음을 전달하며, 이를 통해 독자들에게 강한 여운을 남긴다. 배선희 작가의 작품을 읽다 보면, 마치 작가와 함께 삶의 여러 순간들을 경험하고 성찰하는 듯한 느낌을 받게 된다.

그는 삶의 다양한 모습을 자신만의 언어로 그려내며, 그 속에서 발견되는 아름다움과 가치에 주목한다. 배선희 작가는 일상 속의 평범한 일들과 인물들을 다루지만, 그 속에서 숨어 있는 인생의 본질적인 아름다움과 의미를 발견하고 이를 작품에 녹여낸다. 이러한 일상의 재발견은 독자들에게 새로운 시각을 열어주며, 삶 속에 숨겨진 작은 행복과 의미를 찾아보게 한다. 이는 배선희 작가가 삶에 대한 성찰과 도의 정신을 지니고 작품을 쓰는 작가이기에 가능한 일이다.

배선희 작가의 작품 세계는 삶에 대한 깊은 사유와 그 사유에서 우러나는 성숙한 인생관을 바탕으로 한다. 그는 인간의 고통, 슬픔, 기쁨, 그리고 희망의 순간들을 작품에 진솔하게 담아낸다. 이를 통해 독자들은 그의 작품을 읽으며 자신의 삶을 돌아보고, 그 속에서 새로운 의미와 깨달음을 발견하게 된다. 이러한 배선희 작가의 작품은 마치 인생의 동반자처럼 독자들에게 위로와 성찰의 순간을 제공한다. 그의 작품은 독자들에게 단순히 감각적인 즐거움이나 일시적인 위안을 주는 것이 아니라, 삶의 본질에 대한 깊은 성찰과 깨달음을 제공한다.

또한 배선희 작가의 글 속에는 도의 정신이 담겨 있다. 그의 작품은 단순히 미적 경험을 넘어서 인간의 도덕적 가치와 삶의 방향성을 제시한다. 그에게 있어 도의 세계는 단순히 이상적인 사상적 개념이 아니라, 삶에서 추구해야 할 본질적인 가치로서 존재한다. 배선희 작가는 자신의 작품을 통해 삶에서 추구해야 할 가치와 도덕적 방향성을 제시하며, 이를 통해 독자들이 삶에 대해 더 깊이 생각하고 성찰할 수 있는 기회를 제공한다.

그의 작품을 읽는 것은 마치 그와 함께 인생을 여행하는 것과 같다. 그의 글 속에는 그의 경험과 생각이 담겨 있고, 독자들은 그 글을 통해 자신의 삶을 되돌아보는 시간을 갖게 된다. 배선희 작가의 작품이 가지는 가장 큰 힘은 바로 이 점에 있다. 그의 글은 단순히 한 편의 문학 작품으로서 읽히는 것이 아니라, 독자들의 삶과 연결되고 공감대를 형성하며, 그들에게 위로와 깨달음을 준다.

배선희 작가의 삶과 철학은 진정성과 올곧음을 추구하는 데에서 비롯되며, 이를 통해 그의 작품은 단순히 아름다운 언어의 나열을 넘어 독자들과 깊은 교감을 나눈다. 그의 작품을 읽는 독자들은 그 속에서 자신의 삶과 마주하고, 삶의 의미를 다시 한 번 생각하게 된다. 배선희 작가는 단순히 글을 쓰는 작가를 넘어, 인생의 동반자로서 독자들에게 삶의 의미와 가치를 함께 나누는 존재로 다가온다. 그리고 그의 작품은 앞으로도 많은 독자들에게 삶의 본질과 도의 정신에 대해 생각할 수 있는 귀한 시간을 제공할 것이다.

배선희 작가의 작품 세계

배선희 작가의 작품 세계는 도의적 가치를 중심에 두고, 인간 내면의 깊은 세계를 섬세하게 그려낸다는 점에서 독특하다. 그의 작품에서는 삶의 본질을 파헤치는 성찰과 인간적인 깊이가 예술적 언어로 표현되어 있으며, 이는 작가가 추구하는 삶의 가치와 철학을 독자들에게 진솔하게 전달하는 데에 큰 역할을 한다.

문학적 기교나 수식어의 화려함을 강조하기보다는 솔직하고 담백한 표현을 통해 인간의 감정과 생각을 투명하게 드러내는 것이 배선희 작가의 글쓰기 방식이다. 이를 통해 그는 독자들과 진정성 있게 소통하고자 하며, 삶에 대한 통찰과 깨달음을 간결하고 명료한 언어로 전달하는 데 주력한다.

배선희 작가의 작품에서 가장 두드러지는 점은 바로 '삶의 진실성'과 '도덕적 가치'에 대한 깊은 추구다. 그는 작품을 통해 삶의 아름다움과 진리, 그리고 그 안에 담긴 인간의 순수한 감정을 그려내고, 이를 통해 인생의 본질적인 의미를 독자들에게 전한다. 배선희 작가가 주로 다루는 소재는 특별한 것이 아니다.

오히려 일상에서 흔히 볼 수 있는 평범한 소재와 인물을 다룬다. 그러나 그 속에서 발견되는 작은 아름다움과 숭고한 가치들을 섬세하게 포착하여, 독자들에게 새롭게 보이는 시선을 선사한다. 그의 작품에 등장하는 일상적인 소재와 평범한 인물들은 누구나 쉽게 공감할 수 있는 인간적 경험들을 담고 있다. 이를 통해 독자들은 자신의 삶과 일상을 돌아보게 되고, 그 속에 숨어 있는 철학적 사유와 삶의 본질적인 가치를 발견하게 된다.

배선희 작가의 작품은 특별한 소재를 선택하지 않고도 일상의 순간에서 특별한 가치를 끌어내며, 이를 예술적으로 표현한다. 그의 글은 복잡하고 어려운 언어로 독자들에게 감동을 전하는 것이 아니라, 평범한 일상의 장면과 간결한 표현으로 삶의 진리와 인간 내면의 심오함을 담아낸다. 이는 그의 작품이 독자들에게 쉽게 다가갈 수 있게 하면서도, 그 안에 담긴 메시지는 깊은 울림을 준다. 배선희 작가의 글은 마치 한 편의 수필처럼 편안하고 담담하게 흘러가지만, 그 속에서 삶의 진리와 도덕적 가치를 추구하는 사색의 깊이는 결코 가볍지 않다.

배선희 작가는 글을 통해 삶의 근본적인 진실과 인간 존재의 본질에 대해 이야기한다. 그는 인간이 지닌 본연의 감정과 생각을 솔직하게 드러내며, 그 속에서 발견되는 도의적 가치와 삶의 의미를 탐구한다. 그의 작품에는 삶에 대한 진솔한 고백과 같은 문장들이 많으며, 그 문장들은 독자들에게 삶의 의미를 다시금 생각해보게 만드는 힘을 가지고 있다. 이를 통해 배선희 작가는 독자들이 자신의 삶과 마주하고, 그 속에서 깨달음을 얻을 수 있는 공간을 제공한다. 그의 글은 일상적인 장면에서 발견되는 작지만 소중한 진리들을 통해 독자들의 마음에 진한 울림을 남긴다.

또한, 배선희 작가의 작품은 문학적인 아름다움을 추구하면서도 그 내면에 깊은 사색과 성찰을 담아낸다. 그는 글을 통해 미적인 경험을 전하는 데 그치지 않고, 그 속에서 독자들이 인생의 참된 의미와 본질에 대해 성찰할 수 있도록 이끌어준다. 그의 글은 화려한 언어와 복잡한 문장으로 꾸며진 것이 아니라, 심플하고 담담한 표현 속에 깊은 메시지를 담아내고 있다. 이런 문체는 독자들에게 오히려 더 진정성 있게 다가가며, 그들이 삶을 새롭게 바라보고 그 속에서 의미를 찾아가는 과정을 도와준다.

배선희 작가의 작품에서는 도의 세계와 관련된 주제가 자주 등장한다. 그는 작품을 통해 도의 정신과 삶의 가치에 대해 깊이 생각하고, 이를 독자들에게 전달한다. 그의 작품에서는 인간이 어떻게 살아가야 하는지, 어떤 가치관을 가지고 인생을 살아야 하는지에 대한 진지한 고민과 성찰이 묻어나온다. 배선희 작가는 도덕적 가치를 중요시하며, 인간이 지닌 본연의 아름다움과 선함을 작품을 통해 드러낸다. 그의 글 속에는 도의 정신이 깃들어 있고, 이는 그가 추구하는 삶의 방향과 가치관을 명확하게 보여준다.

배선희 작가의 작품은 독자들로 하여금 일상 속에서 작은 의미를 발견하고, 삶에 대한 깊은 성찰을 할 수 있도록 유도한다. 그의 글은 독자들에게 위로와 영감을 주며, 그들이 자신만의 삶의 가치와 의미를 찾아갈 수 있도록 돕는다. 또한, 그의 작품은 독자들에게 단순한 문학적 즐거움이 아니라, 인생에 대한 깊은 이해와 깨달음을 전해준다. 배선희 작가의 글을 읽는 것은 단순한 문학 작품을 접하는 것이 아니라, 삶의 진실과 인간 본연의 아름다움을 발견하는 하나의 여행과도 같다.

배신희 작가의 작품 세계는 이처럼 삶의 진실성과 도의 정신을 탐구하며, 이를 통해 독자들에게 삶의 의미와 가치를 전하는 데에 주력한다. 그의 작품은 독자들에게 일상 속의 작고 소중한 순간들을 돌아보게 만들고, 그 속에서 인생의 본질을 발견하도록 돕는다. 배선희 작가는 단순한 문학 작가를 넘어, 인생의 동반자로서 독자들에게 진정한 삶의 가치와 철학을 함께 나누는 존재로 다가온다. 그의 작품을 통해 독자들은 자신의 삶을 더 깊이 들여다보고, 그 속에서 새로운 깨달음과 성찰을 얻을 수 있다.

페이지 배선희 작가의 작품을 평석하면서

페이지 작가의 작품을 평석하는 것은 그저 내용과 서사 구조를 이해하는 것에 머물지 않는다. 그의 작품은 때로는 심오한 철학적 주제를 다루어 쉽게 이해하기 어려운 면도 있지만, 그 속에는 삶의 진솔한 모습과 인간 본연의 감정에 대한 깊은 통찰이 담겨 있다. 그래서 독자들은 작가의 글을 읽으며 자신만의 해석을 찾게 된다. 그의 글은 독자들에게 일상적인 사건 속에서 생의 가치를 돌아보게 하고, 나아가 자신이 살아온 인생을 더 깊이 들여다볼 수 있는 계기를 마련해 준다.

배선희 작가의 글은 단순히 삶을 기술하는 것이 아니라, 삶의 본질을 꿰뚫는 통찰력을 보여준다. 그래서 그의 작품은 독자들에게 새로운 시선을 선사한다. 독자들은 그의 글을 통해 잊고 지냈던 일상 속의 가치와 행복을 새롭게 발견하고, 인생에서 경험한 다양한 감정과 사건들을 다시 바라보게 된다. 작품 속에서 인간의 고통과 기쁨, 사랑과 이별, 희망과 절망이 투명하게 그려져 있기 때문에, 독자들은 자신의 삶과 겹쳐진 감정과 상황을 마주하며 공감하게 된다.

배선희 작가와 교감한 독자들은 그의 작품을 읽고 난 뒤 느낀 감정과 생각을 편지에 담아 작가에게 전한다. 이러한 편지들에는 작품이 전하는 메시지에 대한 진한 공감과 감동이 녹아 있다. 어떤 독자는 작가의 글을 통해 잊고 지냈던 가족의 소중함을 깨달았다고 전하기도 하고, 또 어떤 독자는 작품이 자신의 삶에서 겪는 어려움과 슬픔에 큰 위로가 되었다고 밝힌다. 이런 편지들은 독자들이 배선희 작가의 작품을 통해 자신만의 이야기를 다시 떠올리고, 그 속에서 위로와 희망을 찾았다는 사실을 보여준다.

독자들이 보내온 편지들에는 그들만의 진솔한 삶의 이야기가 담겨 있고, 이는 배선희 작가가 독자들과 진정한 소통을 하고 있다는 것을 의미한다. 단순히 작가의 글을 읽는 독자들이 아니라, 그들의 삶과 감정, 생각을 작가와 공유하며 함께 공감하고 성장하는 동반자로서의 관계가 형성된다. 이런 소통은 배선희 작가의 작품이 단순한 문학적 가치에 그치지 않고, 삶의 본질과 도덕적 가치를 찾아가는 과정에서 독자들과 함께 공감하고 소통하고 있다는 점을 분명히 드러낸다.

배선희 작가의 글은 단순히 읽고 흘려보내는 이야기가 아니다. 그의 작품은 독자들로 삶의 본질을 되돌아보게 만들고, 그 안에 담긴 감정과 생각을 깊이 들여다보게 한다. 이는 독자들로 하여금 단순히 작가의 이야기를 읽는 것에서 그치지 않고, 그 이야기를 자신의 삶에 투영해 보게 만든다. 그의 작품을 읽는 독자들은 작품 속에서 일상의 소소한 행복을 발견하고, 인생의 고통과 어려움 속에서도 놓지 않는 희망을 느낀다. 이는 곧 독자들이 자신의 삶을 다시 바라보고, 그 속에 숨겨진 의미와 가치를 재발견하는 순간을 제공한다.
배선희 작가의 작품이 지닌 힘은 바로 이 지점에 있다.

그의 글은 단순히 예술적인 아름다움이나 화려한 표현에 의존하는 것이 아니라, 삶의 진실과 인간의 본질적인 감정을 있는 그대로 전달한다. 그 안에는 작가가 느끼고 체험한 다양한 삶의 모습이 녹아 있으며, 그 모습을 통해 독자들은 자신의 삶과 자연스럽게 연결되어 가는 것이다. 삶의 고통과 슬픔, 기쁨과 행복이 모두 담겨 있는 그의 작품은 독자들에게 위로와 성찰의 시간을 제공한다.

배선희 작가의 작품은 또한 독자들이 자신을 발견하고 성장할 수 있는 계기를 마련해 준다. 그의 글을 통해 독자들은 자신의 삶의 이야기를 다시 꺼내어 보고, 그 안에 담긴 감정과 의미를 새롭게 이해하게 된다. 작품 속에서 발견하는 작고 소중한 진리와 깨달음은 독자들의 마음에 잔잔한 울림을 남기며, 그들에게 삶에 대한 새로운 시선을 열어준다. 이렇게 그의 작품은 독자들에게 인생에 대한 깊은 이해와 공감, 그리고 희망을 전해준다.

독자들은 배선희 작가의 작품을 통해 자신만의 이야기를 다시 들여다보고, 그 속에서 얻는 깨달음을 통해 한

층 더 성숙해진다. 그의 글은 일상의 작은 순간들을 소중하게 만들고, 인생의 길 위에서 마주하는 여러 감정과 상황들을 더 진솔하게 마주하게 한다. 배선희 작가는 독자들에게 단순히 글을 전달하는 것이 아니라, 그들의 삶을 함께 동행하며 공감하고 성장할 수 있는 동반자로서의 역할을 해낸다.

그의 작품을 읽는 것은 마치 인생의 여행을 함께하는 것과 같다. 그 길 위에서 독자들은 자신만의 삶의 의미를 발견하고, 배선희 작가가 전하는 진솔한 메시지에 공감하며, 자신의 삶을 다시 한 번 깊이 들여다보는 시간을 갖게 된다.

배선희 작가의 글을 읽은 독자들은 그의 작품 속에서 사신만의 이야기를 찾고, 그 안에 숨겨진 진리와 가치를 느끼게 된다. 그의 작품은 독자들에게 단순한 위로나 위안이 아니라, 삶에 대한 깊은 이해와 성찰을 전해주며, 그들이 앞으로 나아갈 길을 비춰주는 등불이 되어준다.